Marketing numérique 2025

Débutant à Expert

Peter Woodford

Marketing numérique 2025 par Peter Woodford

À propos de l'auteur

Peter est un entrepreneur reconnu et un expert en technologie numérique avec plus de 20 ans d'expérience à la tête d'agences numériques de premier plan à Londres et à Singapour. En tant que fondateur de plusieurs entreprises technologiques, il a toujours été un moteur d'innovation et d'excellence dans le secteur numérique.

Spécialisé en gestion de projets et en marketing numérique, Peter allie une prise de décision basée sur les données à une compréhension nuancée des besoins des diverses parties prenantes. Il est titulaire d'un baccalauréat en sciences et est certifié en gestion de projets et en analyse avancée. Inventeur dans l'âme, il est titulaire d'un brevet ainsi que de nombreux modèles et marques déposées.

Tout au long de sa carrière, Peter a géré le développement de bout en bout de milliers de sites

Web et a été le fer de lance de la création de vastes campagnes publicitaires en ligne. Son expertise approfondie et son dévouement à l'obtention de résultats ont fait de lui une autorité respectée dans le domaine des technologies numériques.

Vous pouvez retrouver Peter sur :

https://www.digitalfishing.com/

https://www.peterwoodford.com/

https://www.linkedin.com/in/pwoodford/

https://www.patreon.com/peterwoodford

https://www.youtube.com/@peterwoodford

https://x.com/peterkwoodford

https://www.tiktok.com/@digitalpeter

https://www.facebook.com/peter.woodford/

https://www.facebook.com/peterwoodfordpage

https://www.amazon.com/author/peterwoodford

https://www.publishersmarketplace.com/members/p woodford/

Description

À l'ère du numérique, où tout va très vite, le marketing numérique est devenu essentiel pour que les organisations puissent prospérer dans le paysage en ligne. Digital Marketing 2025 est un guide concis mais complet conçu pour vous fournir les connaissances et les compétences nécessaires pour naviguer dans ce domaine dynamique. Que vous soyez un professionnel du marketing, un propriétaire d'entreprise ou un aspirant spécialiste du marketing numérique, ce livre vous fournira une base solide.

Nous commençons par explorer les concepts fondamentaux du marketing numérique et son importance dans le paysage commercial actuel. Vous acquerrez une compréhension claire des différents canaux de marketing numérique disponibles et de la manière dont ils peuvent vous aider à atteindre et à interagir avec votre public cible. Pour évaluer votre compréhension, nous avons inclus des questions à choix multiples avec réponses, vous permettant d'évaluer vos progrès.

L'optimisation des moteurs de recherche (SEO) joue un rôle crucial dans l'amélioration de la visibilité et du classement organique sur les pages de résultats des moteurs de recherche. Nous nous penchons sur le processus de recherche de mots clés, d'optimisation des éléments sur la page et de mise en œuvre de stratégies hors page efficaces.

La publicité au paiement par clic (PPC) permet aux entreprises d'afficher des publicités ciblées et de générer du trafic vers leurs sites Web. Dans cette section, nous allons approfondir la publicité au paiement par clic, en vous guidant dans la configuration et la gestion des campagnes. Nous soulignons également l'importance de la recherche de mots clés, de la création de textes publicitaires, de la gestion des enchères, de la planification budgétaire et de la mesure du succès des campagnes.

Le marketing sur les réseaux sociaux a révolutionné la façon dont les entreprises se connectent et interagissent avec leur public. Nous examinons différentes plateformes de réseaux sociaux et vous aidons à développer une stratégie de réseaux sociaux adaptée à vos objectifs commerciaux. Vous découvrirez la création de contenu, les stratégies de partage, les techniques d'engagement des abonnés et les méthodes pour mesurer l'impact de vos efforts.

Le marketing de contenu est un outil puissant pour renforcer la notoriété de la marque et engager les publics cibles. Nous vous proposons un aperçu du marketing de contenu et vous guidons dans l'élaboration d'une stratégie de marketing de contenu complète.

Le marketing par e-mail reste un canal de communication très efficace et personnalisé. Cette section explore la création de listes, la création efficace d'e-mails et les techniques d'automatisation pour la messagerie personnalisée.

Le marketing d'affiliation offre aux entreprises la possibilité de collaborer avec des partenaires qui font la promotion de leurs produits ou services contre une commission. Nous explorons le concept du marketing d'affiliation, vous guidons dans la mise en place d'un programme d'affiliation et vous proposons des stratégies de recrutement et de gestion des affiliés.

Le marketing mobile met l'accent sur l'importance des appareils mobiles dans les stratégies marketing. Nous vous aidons à développer une stratégie de marketing mobile, à créer du contenu adapté aux appareils mobiles et à utiliser des techniques de publicité mobile.

L'analyse Web est essentielle pour mesurer le trafic sur un site Web et le comportement des utilisateurs . Nous fournissons des instructions étape par étape pour définir des objectifs de conversion dans l'analyse Web, vous permettant d'évaluer les performances de vos campagnes publicitaires et de réduire votre coût par conversion.

L'étude Using AI in Digital Marketing explore l'impact transformateur de l'IA sur le secteur du marketing, en soulignant sa capacité à analyser les données, à personnaliser les campagnes et à automatiser les tâches. Ce chapitre couvre l'analyse prédictive, les moteurs de recommandation et bien plus encore, en mettant l'accent sur l'équilibre entre l'IA et la créativité humaine pour des stratégies marketing exceptionnelles.

En maîtrisant les stratégies et tactiques décrites dans ce livre, vous serez bien équipé pour naviguer dans le monde en constante évolution du marketing numérique et réussir dans le paysage numérique d'aujourd'hui.

I. Introduction au marketing numérique

A. Définition du marketing numérique

Le marketing numérique est une approche dynamique, innovante et axée sur les résultats pour promouvoir des produits, des services et des marques via les canaux numériques. Il utilise les dernières technologies et plateformes pour atteindre et interagir avec un public ciblé, et permet aux entreprises de se connecter avec leurs clients de manière personnalisée et significative. Grâce à sa capacité à fournir des résultats mesurables, le marketing numérique est un élément essentiel de toute stratégie marketing réussie et constitue un outil puissant pour les entreprises qui cherchent à développer leur marque et à stimuler leur croissance.

B. Importance du marketing numérique

L'importance du marketing numérique ne peut être surestimée à l'ère numérique d'aujourd'hui, atteignant environ 1 099,33 milliards de dollars d'ici 2032 (source statistique : https://www.demandsage.com/digital-marketing-statistics/). De plus en plus de consommateurs passent du temps en ligne, il est devenu un canal crucial pour les entreprises pour atteindre et interagir avec leur public cible. Le marketing numérique permet une communication ciblée et personnalisée, offrant aux entreprises la possibilité de construire des relations solides et significatives avec leurs clients.

Taille du marché mondial du marketing numérique : La taille du marché mondial du marketing numérique devrait atteindre environ 1,3 billion de dollars d'ici 2033, avec un taux de croissance annuel composé de 13,6 % pour la prochaine décennie. (Source des statistiques :

https://www.hostinger.com/tutorials/digital-marketing-statistics)

De plus, le marketing numérique fournit aux entreprises des données et des informations précieuses qui peuvent être utilisées pour optimiser et affiner leurs efforts marketing. Grâce à la possibilité de suivre et de mesurer le succès des campagnes, le marketing numérique permet aux entreprises de prendre des décisions éclairées et d'allouer efficacement leurs ressources.

De plus, le marketing numérique uniformise les règles du jeu pour les petites et moyennes entreprises, leur permettant de rivaliser avec les grandes entreprises et d'atteindre un public plus large à une fraction du coût des méthodes de marketing traditionnelles. Avec sa capacité à atteindre un public mondial et à fournir des résultats en temps réel, le marketing numérique est essentiel pour les entreprises qui cherchent à garder une longueur d'avance et à réussir dans le monde numérique en évolution rapide d'aujourd'hui.

C. Aperçu des canaux de marketing numérique

Les canaux de marketing numérique font référence aux différentes plateformes et méthodes utilisées pour atteindre et interagir avec les clients en ligne. Certains des canaux de marketing numérique les plus couramment utilisés incluent :

1. Optimisation des moteurs de recherche (SEO) : Optimisation d'un site Web pour qu'il soit mieux classé dans les pages de résultats des moteurs de recherche (SERP) grâce à des tactiques telles que la recherche de mots clés, l'optimisation sur page et l'optimisation hors page.
2. Publicité au paiement par clic (PPC) : un type de publicité où les entreprises paient

chaque fois qu'un utilisateur clique sur l'une de leurs annonces. Cela inclut des plateformes telles que Google Ads et Bing Ads. (Statistique : environ 8,5 milliards de recherches Google sont effectuées chaque jour. Source des statistiques : https://clictadigital.com/how-many-google-searches-per-day-are-there/)

3. Marketing sur les réseaux sociaux : utilisation de plateformes de réseaux sociaux telles que Facebook, Instagram et X (anciennement Twitter) pour renforcer la notoriété de la marque, interagir avec les clients et générer du trafic vers un site Web. (Statistiques : Facebook compte 2,1 milliards d'utilisateurs actifs quotidiens. Source des statistiques : https://www.statista.com/statistics/346167/facebook-global-dau/)

4. Marketing de contenu : création et partage de contenu de valeur dans le but d'attirer et

de fidéliser des clients. Il peut s'agir de blogs, de vidéos et d'autres types de contenu.

5. Marketing par e-mail : envoi de messages marketing à une liste d'abonnés par e-mail. Il peut s'agir de newsletters, d'e-mails promotionnels et d'e-mails transactionnels.

6. Marketing d'affiliation : une stratégie marketing basée sur les performances dans laquelle les entreprises s'associent à des affiliés qui font la promotion de leurs produits ou services en échange d'une commission.

7. Marketing mobile : atteindre les clients via des appareils mobiles grâce à des tactiques telles que la publicité mobile, le contenu adapté aux mobiles et le marketing d'applications mobiles.

8. Web Analytics : suivi et analyse des données d'un site Web pour comprendre le comportement des utilisateurs et mesurer le succès des efforts marketing.

Ce ne sont là que quelques-uns des nombreux canaux de marketing numérique à la disposition des entreprises aujourd'hui. Chaque canal a ses propres atouts et avantages, et une stratégie de marketing numérique efficace utilisera une combinaison de canaux pour atteindre et interagir avec les clients de la manière la plus efficace possible, ce que nous examinerons plus en détail dans les sections suivantes.

D. Définition des objectifs et des buts marketing

Les objectifs marketing sont des cibles spécifiques, mesurables et limitées dans le temps qui aident à atteindre les objectifs marketing. Voici quelques exemples d'objectifs marketing :

1. Augmentez le trafic de votre site Web de 20 % au cours des 3 prochains mois grâce au

marketing sur les réseaux sociaux et à l'optimisation des moteurs de recherche.

2. Améliorez la satisfaction client de 50 % au cours des 6 prochains mois grâce au marketing par e-mail et au contenu personnalisé.

3. Augmentez vos revenus de vente de 10 % au cours de la prochaine année grâce à la publicité PPC ciblée et au marketing d'affiliation.

Pour définir des objectifs marketing efficaces, les entreprises doivent comprendre leur public cible, leur concurrence et leurs propres forces et faiblesses. Elles doivent également tenir compte des ressources et du budget disponibles pour les efforts marketing. Une fois les objectifs fixés, il est important de les évaluer et de les ajuster régulièrement si nécessaire pour garantir un succès continu. Voyons comment le budget affectera votre stratégie. Supposons par exemple que vous n'ayez que 10 $ à dépenser en publicité par jour. Vous ne pourrez pas lancer 10 campagnes distinctes si le coût par clic prévu est de 2 $, vous ne pouvez lancer que 5 campagnes au maximum et même dans ce cas, vous ne pourrez vous attendre qu'à 1 clic par campagne et par jour. À ce rythme, il faudra beaucoup trop de temps pour obtenir suffisamment de données utiles pour avoir une idée des performances de vos campagnes les unes par rapport aux autres.

Questions du quiz d'introduction

1. Qu'est-ce qui définit le marketing numérique ?
A. Une approche marketing dépassée
B. Stratégies de promotion exclusivement hors ligne
C. Interagir avec un public ciblé via les canaux numériques

D. Se concentrer uniquement sur les plateformes médiatiques traditionnelles

Réponse : C. Interagir avec un public ciblé via les canaux numériques

2. Pourquoi le marketing numérique est-il considéré comme essentiel dans le paysage commercial actuel ?
A. En raison de sa dépendance à une technologie obsolète
B. Pour son incapacité à mesurer le succès d'une campagne
C. Sa capacité à fournir des résultats mesurables et un engagement personnalisé
D. Portée limitée par rapport aux méthodes de marketing traditionnelles

Réponse : C. Sa capacité à fournir des résultats mesurables et un engagement personnalisé

3. Quelle affirmation représente avec précision l'impact du marketing numérique sur les petites entreprises ?

A. Cela amplifie le coût du marketing pour les petites entreprises

B. Cela permet aux petites entreprises de concurrencer plus équitablement les grandes

C. Elle limite les petites entreprises au ciblage d'un public local uniquement

D. Il n'offre aucun avantage aux petites entreprises

Réponse : B. Cela permet aux petites entreprises de concurrencer plus équitablement les plus grandes.

4. Quel est l'objectif principal de l'optimisation des moteurs de recherche (SEO) ?

A. Amélioration des fonctionnalités du site Web

B. Stimuler l'engagement sur les réseaux sociaux

C. Un meilleur classement dans les résultats des moteurs de recherche

D. Améliorer l'efficacité du marketing par courrier électronique

Réponse : C. Un meilleur classement dans les résultats des moteurs de recherche

5. Quel canal de marketing numérique implique un paiement basé sur les clics des utilisateurs sur les publicités ?
A. Marketing sur les réseaux sociaux
B. Marketing par courriel
C. Marketing d'affiliation
D. Publicité au clic (PPC)

Réponse : D. Publicité au paiement par clic (PPC)

6. Quelle est la caractéristique du marketing de contenu ?
A. Envoi d'e-mails promotionnels
B. Créer du contenu de valeur pour attirer et fidéliser les clients

C. Analyse du comportement des utilisateurs du site Web

D. Suivi des performances des applications mobiles

Réponse : B. Créer du contenu de valeur pour attirer et fidéliser les clients

7. Comment fonctionne le marketing d'affiliation ?

A. Les entreprises vendent directement des produits aux clients

B. Les entreprises s'associent à des sociétés affiliées pour vendre les produits des concurrents

C. Les entreprises s'associent à des affiliés pour promouvoir des produits contre une commission

D. Les affiliés paient les entreprises pour promouvoir leurs produits

Réponse : C. Les entreprises s'associent à des affiliés pour promouvoir des produits contre une commission

II. Optimisation des moteurs de recherche (SEO)

A. Recherche de mots clés

La recherche de mots clés est un aspect crucial de l'optimisation des moteurs de recherche (SEO) car elle aide les entreprises à comprendre quels mots clés et expressions les clients potentiels utilisent pour rechercher des produits et services comme les leurs. En optimisant le contenu de leur site Web pour ces mots clés, les entreprises peuvent augmenter leur visibilité dans les pages de résultats des moteurs de recherche (SERP) et générer davantage de trafic organique vers leur site.

La recherche de mots clés consiste à identifier les mots clés et expressions pertinents à cibler, ainsi qu'à analyser leur popularité, leur concurrence et leur pertinence par rapport aux offres d'une entreprise. Cela peut être fait grâce à divers outils, tels que les outils de recherche de mots clés,

Google Trends https://trends.google.com/trends/ ,
Semrush https://www.semrush.com/ , Ahrefs
https://ahrefs.com/ et analyse de la concurrence.

Une fois les mots-clés identifiés, les entreprises
peuvent les intégrer au contenu de leur site Web,
aux balises méta et aux URL pour améliorer leur
classement dans les moteurs de recherche. Il est
important de noter que le bourrage de mots-clés,
ou l'utilisation excessive de mots-clés dans le but
de manipuler les classements de recherche, est
pénalisé par les moteurs de recherche et peut
entraîner une baisse des classements.

Pour être efficace, la recherche de mots clés doit
être un processus continu, car les algorithmes de
recherche et le comportement des utilisateurs
évoluent constamment. De plus, le nombre de
concurrents qui enchérissent sur les mêmes mots
clés aura une incidence sur le coût par clic des
mots clés et donc sur les performances. Des mises
à jour et des modifications régulières du contenu et

de la structure d'un site Web peuvent aider les entreprises à garder une longueur d'avance et à maintenir leur classement dans les moteurs de recherche.

B. Optimisation sur la page

L'optimisation sur page fait référence aux techniques et tactiques utilisées pour optimiser les pages Web individuelles afin d'obtenir un meilleur classement dans les pages de résultats des moteurs de recherche (SERP) et d'attirer davantage de trafic organique. L'optimisation sur page est un élément important de l'optimisation des moteurs de recherche (SEO) et peut avoir un impact considérable sur le classement d'un site Web dans les moteurs de recherche.

Certains des éléments clés de l'optimisation sur la page incluent :

1. Balises de titre : La balise de titre est un élément crucial car elle indique aux moteurs de recherche de quoi parle la page et apparaît comme lien cliquable dans les résultats de recherche.
2. Méta descriptions : la méta description fournit un bref résumé du contenu de la page et peut aider à inciter les utilisateurs à cliquer sur la page à partir des résultats de recherche.
3. Balises d'en-tête : Les balises d'en-tête (H1, H2, H3, etc.) aident à structurer le contenu et à communiquer sa hiérarchie aux utilisateurs et aux moteurs de recherche.
4. Contenu : Le contenu de la page doit être de haute qualité, pertinent et optimisé pour les mots clés.
5. Structure de l'URL : l'URL doit être courte, descriptive et inclure des mots clés pertinents.

6. Liens internes : créer des liens internes vers d'autres pages pertinentes du site Web peut contribuer à améliorer la navigation et à transférer l'autorité vers ces pages.

7. Optimisation de l'image : l'optimisation des images en utilisant des noms de fichiers descriptifs et des balises alt peut aider à améliorer le temps de chargement et l'accessibilité de la page.

Outre ces éléments, il est important de veiller à ce que le site Web soit convivial, adapté aux appareils mobiles et ait un temps de chargement rapide. En mettant à jour et en optimisant régulièrement ces éléments sur la page, les entreprises peuvent améliorer leur classement dans les moteurs de recherche et attirer davantage de trafic organique.

C. Optimisation hors page

L'optimisation hors page fait référence aux techniques et tactiques utilisées pour optimiser la présence et la visibilité d'un site Web en dehors de ses propres pages. L'optimisation hors page est un élément important de l'optimisation des moteurs de recherche (SEO) car elle peut avoir un impact considérable sur le classement et la visibilité d'un site Web dans les moteurs de recherche.

Certains des éléments clés de l'optimisation hors page incluent :

1. Création de liens : la création de liens implique l'acquisition de backlinks pertinents et de haute qualité provenant d'autres sites Web. Les backlinks servent à approuver le contenu d'un site Web et peuvent améliorer son classement dans les moteurs de recherche.

2. Médias sociaux : une forte présence sur les plateformes de médias sociaux peut aider les entreprises à se connecter avec les clients, à renforcer la notoriété de leur marque et à générer du trafic vers leur site Web.

3. Annuaires en ligne : soumettre un site Web à des annuaires en ligne tels que Yelp, Google My Business et des annuaires sectoriels peut contribuer à améliorer la visibilité et à générer du trafic.

4. Mentions de marque : Les mentions d'une marque sur d'autres sites Web, même si elles ne sont pas des backlinks, peuvent améliorer la visibilité et la notoriété de la marque.

5. Marketing de contenu : Le marketing de contenu consiste à créer et à diffuser du contenu précieux et pertinent pour attirer et fidéliser un public cible et générer des actions clients rentables.

L'optimisation hors page est un processus continu qui nécessite une surveillance et une analyse minutieuses pour garantir que la présence et la visibilité d'un site Web s'améliorent en permanence. En se concentrant sur l'optimisation hors page, les entreprises peuvent améliorer leur classement dans les moteurs de recherche, générer davantage de trafic organique et, en fin de compte, accroître leur visibilité et leur succès en ligne.

D. Mesurer le succès du référencement

Il est essentiel de mesurer le succès des efforts d'optimisation des moteurs de recherche (SEO) pour garantir que les investissements dans ce domaine produisent les résultats souhaités. En suivant et en analysant les indicateurs clés, les entreprises peuvent obtenir des informations sur l'efficacité de leurs stratégies de référencement et prendre des décisions basées sur des données pour les améliorer.

Voici quelques-unes des mesures clés à suivre pour assurer le succès du référencement :

1. Trafic organique : Le trafic organique fait référence au nombre de visiteurs d'un site Web qui sont arrivés via un moteur de recherche. Il s'agit de l'une des mesures les plus importantes à suivre, car elle indique l'efficacité des efforts de référencement d'un site Web.

2. Classements des mots clés : le suivi des classements d'un site Web pour des mots clés spécifiques peut aider à déterminer l'efficacité des efforts d'optimisation sur la page et hors page.

3. Taux de rebond : le taux de rebond correspond au pourcentage de visiteurs qui quittent un site Web après avoir visité une

seule page. Un taux de rebond élevé peut indiquer que le contenu du site Web n'est pas pertinent ou intéressant pour les utilisateurs, ou peut-être que les ressources multimédias ou le contenu d'une source externe prennent trop de temps à charger et que les gens abandonnent, ce qui peut avoir un impact sur le classement d'un site dans les moteurs de recherche.

4. Taux de conversion : le taux de conversion correspond au pourcentage de visiteurs qui effectuent une action souhaitée, comme effectuer un achat ou remplir un formulaire. L'amélioration du taux de conversion peut indiquer que le contenu d'un site Web est pertinent et attrayant pour les utilisateurs.

5. Temps passé sur un site : Le temps passé sur un site correspond au temps moyen qu'un visiteur passe sur un site Web. Un temps passé sur un site plus long peut

indiquer que le contenu d'un site Web est intéressant et pertinent pour les utilisateurs.

6. Profil de backlink : le nombre et la qualité des backlinks vers un site Web peuvent avoir un impact sur son classement dans les moteurs de recherche. Une surveillance régulière du profil de backlink peut aider à identifier les changements négatifs et à les corriger. Vous pouvez rechercher des outils de performance tels que Microsoft Bing Webmaster Tools https://www.bing.com/webmasters ou Google Search Console https://search.google.com/search-console/performance/search-analytics .

En suivant régulièrement ces indicateurs, les entreprises peuvent avoir une idée claire de l'efficacité de leurs efforts de référencement et prendre des décisions basées sur les données pour les améliorer. De plus, il est important d'adapter et de faire évoluer en permanence les stratégies de référencement en fonction des changements dans les algorithmes des moteurs de recherche et dans le paysage en ligne.

Questions du quiz sur le référencement

1. Qu'est-ce que la recherche de mots clés aide principalement les entreprises à réaliser en matière de référencement ?
A. Augmenter la présence sur les réseaux sociaux
B. Améliorer l'esthétique de la conception du site Web
C. Comprendre le comportement des utilisateurs sur un site Web
D. Améliorer la visibilité dans les résultats des moteurs de recherche

Réponse : D. Améliorer la visibilité dans les résultats des moteurs de recherche

2. Quelle conséquence le bourrage de mots clés a-t-il sur le classement d'un site Web dans les moteurs de recherche ?

A. Augmente considérablement le trafic sur le site Web

B. Améliore l'engagement des utilisateurs sur le site

C. Pénalisé par les moteurs de recherche, ce qui entraîne des classements inférieurs

D. Améliore la crédibilité du site Web

Réponse : C. Pénalisé par les moteurs de recherche, ce qui entraîne des classements inférieurs

3. Quel est l'objectif principal de l'optimisation on-page dans le référencement ?

A. Renforcer le profil de backlink

B. Améliorer l'engagement sur les réseaux sociaux

C. Améliorer la qualité du contenu du site Web

D. Un meilleur classement dans les résultats des moteurs de recherche

Réponse : D. Un meilleur classement dans les résultats des moteurs de recherche

4. Quel aspect n'est PAS un élément clé de l'optimisation sur la page ?
A. Qualité du contenu
B. Structure de l'URL
C. Création de liens externes
D. Optimisation de l'image

Réponse : C. Création de liens externes

5. Quelle tactique d'optimisation hors page implique d'obtenir des approbations pour le contenu d'un site Web ?
A. Création de liens
B. Engagement sur les réseaux sociaux
C. Soumission d'annuaires en ligne

D. Mentions de marque

Réponse : A. Création de liens

6. Comment l'optimisation hors page contribue-t-elle au succès d'un site Web en matière de référencement ?
A. Il améliore la vitesse de chargement du site Web
B. Il améliore les structures de liaison internes
C. Cela a un impact sur le classement et la visibilité d'un site Web dans les moteurs de recherche
D. Cela affecte directement la qualité du contenu de la page

Réponse : C. Cela a un impact sur le classement et la visibilité d'un site Web dans les moteurs de recherche

7. Quelle est l'importance du suivi du taux de rebond à des fins de référencement ?

A. Indique l'engagement des utilisateurs sur les réseaux sociaux

B. Souligne l'efficacité de la recherche de mots clés

C. Détermine la vitesse de chargement du site Web

D. Évalue la pertinence du contenu du site Web pour les utilisateurs

Réponse : D. Évalue la pertinence du contenu du site Web pour les utilisateurs

8. Quelle mesure est cruciale pour comprendre l'engagement des visiteurs sur un site Web ?

A. Trafic organique

B. Taux de conversion

C. Classement des mots clés

D. Temps sur place

Réponse : D. Temps passé sur place

9. Comment un profil de backlink impacte-t-il le référencement d'un site Web ?

A. Cela affecte directement le classement des mots clés

B. Il réduit le temps de chargement du site Web

C. Cela peut influencer positivement le classement des moteurs de recherche

D. Il détermine le trafic organique du site Web

Réponse : C. Cela peut influencer positivement le classement des moteurs de recherche

10. Que doivent continuellement adapter les entreprises dans leurs stratégies de référencement ?

A. Techniques de bourrage de mots-clés

B. Analyse de la qualité des backlinks

C. Fréquence d'optimisation sur la page

D. Stratégies de référencement basées sur les changements d'algorithmes et les tendances en ligne

Réponse : D. Stratégies de référencement basées sur les changements d'algorithmes et les tendances en ligne

III. Publicité au clic (PPC)

A. Présentation de la publicité PPC

La publicité au paiement par clic (PPC) est une forme de publicité en ligne dans laquelle les annonceurs paient des frais à chaque fois qu'une de leurs annonces est cliquée. La publicité PPC permet aux entreprises d'atteindre un large public rapidement et efficacement, et peut être un moyen très efficace de générer du trafic et des prospects.

Dans la publicité PPC, les entreprises créent des annonces qui s'affichent sur les pages de résultats des moteurs de recherche (SERP) ou sur d'autres sites Web. Lorsqu'un utilisateur clique sur une annonce, l'annonceur se voit facturer des frais, d'où le nom de « paiement par clic ». Les annonceurs enchérissent sur les mots clés pour lesquels ils souhaitent que leurs annonces soient affichées et sur le montant qu'ils sont prêts à payer pour chaque clic. Les annonces sont parfois classées en fonction de leur pertinence, du montant de l'enchère et du score de qualité de l'annonceur, qui prend en compte des facteurs tels que la pertinence et la qualité de l'annonce et de la page de destination.

La publicité PPC offre plusieurs avantages, notamment :

1. Résultats rapides : contrairement au référencement, qui peut prendre plusieurs mois pour voir des résultats, la publicité PPC peut produire des résultats rapidement. Cela en fait une excellente option pour les entreprises qui cherchent à générer des prospects et à générer du trafic en peu de temps.
2. Public ciblé : la publicité PPC permet aux entreprises de cibler des données démographiques, des emplacements, des navigateurs, des appareils et des mots clés

spécifiques, ce qui peut contribuer à garantir que leurs annonces atteignent le bon public.

3. Rentabilité : la publicité PPC peut être très rentable, car les entreprises ne paient que lorsque leurs annonces sont cliquées. Cela signifie que les entreprises peuvent contrôler leurs coûts publicitaires et s'assurer qu'elles obtiennent un retour sur investissement.

4. Résultats mesurables : la publicité PPC fournit des données et des informations détaillées sur les performances des publicités, ce qui facilite la mesure des résultats et l'ajustement des campagnes selon les besoins.

Dans l'ensemble, la publicité PPC est un élément précieux d'une stratégie de marketing numérique complète. En comprenant les bases de la publicité PPC, les entreprises peuvent atteindre efficacement leur public cible, générer des prospects et stimuler les ventes.

B. Mise en place d'une campagne PPC

La mise en place d'une campagne publicitaire au paiement par clic (PPC) implique plusieurs étapes pour garantir le succès de la campagne. Voici un aperçu du processus de mise en place d'une campagne PPC :

1. Définissez votre public cible : déterminez les données démographiques, les emplacements et les intérêts de votre public cible pour vous aider à sélectionner les bons mots clés et à atteindre les bonnes personnes.
2. Choisissez les bons mots-clés : sélectionnez des mots-clés pertinents pour votre entreprise et votre public cible. Cela vous permettra de garantir que vos annonces atteignent les bonnes personnes et génèrent les meilleurs résultats.

3. Créez un texte publicitaire convaincant : rédigez des annonces qui attirent l'attention et fournissent une proposition de valeur claire à l'utilisateur. Assurez-vous que le texte est concis, pertinent et comprend un appel à l'action.

4. Définissez votre budget : déterminez le budget de votre campagne et allouez des fonds à chaque groupe d'annonces. Tenez compte du coût par clic, de la position moyenne et du coût par conversion lors de la définition de votre budget.

5. Choisissez votre plateforme publicitaire : Sélectionnez la plateforme publicitaire qui correspond le mieux à vos besoins, comme Google Ads, Bing Ads, Facebook Ads, Outbrain ou Taboola. Si vous utilisez Google Ads, je vous suggère de modifier les colonnes pour les mots clés et les campagnes : Étape 1 : Dans votre compte Google Ads, cliquez sur l'icône Campagnes.

Étape 2 : Cliquez sur le menu déroulant Campagnes... Étape 3 : Cliquez sur l'icône Colonnes... Étape 4 : Sélectionnez Modifier les colonnes dans le menu déroulant. Étape 5 : Choisissez les colonnes que vous souhaitez dans votre tableau. Colonnes suggérées pour les campagnes : Impr ., Clics, CTR, Coût, CPC moy., Conversions, Coût / conv., Taux de conv., Type de stratégie d'enchères. Colonnes suggérées pour les mots clés : Type de correspondance, Impr ., Clics, Coût, CPC moy., Conversions, Coût / conv., Taux de conv., Niveau de qualité.

Si vous utilisez Facebook Ads, je vous suggère de modifier les colonnes. Pour personnaliser les colonnes dans Meta Ads Manager. Étape 1 : Cliquez sur Campagnes, Ensembles d'annonces ou Annonces en fonction de ce que vous souhaitez mettre à jour. Étape 2 : Cliquez sur le menu déroulant

Colonnes, puis sélectionnez Personnaliser les colonnes. Étape 3 : Sélectionnez les colonnes que vous souhaitez voir. Si vous souhaitez enregistrer cette personnalisation pour la réutiliser ultérieurement, cochez la case Enregistrer comme préréglage. Étape 3 : Cliquez sur Appliquer. Colonnes suggérées : Nom de la campagne, Diffusion, Budget, Résultats, Impressions, Clics (tous), Coût par résultat, Montant dépensé, Valeur de conversion des achats, Ajouts au panier, Paiements initiés .

Recommandations de conception d'images pour les publicités Facebook

https://www.facebook.com/business/ads-guide/update/image

Recommandations de conception de vidéos pour les publicités Facebook

https://www.facebook.com/business/ads-guide/update/video

6. Définissez vos enchères : déterminez le montant maximum que vous êtes prêt à payer pour chaque clic et définissez vos enchères en conséquence. Gardez à l'esprit votre budget et assurez-vous que vos enchères sont définies de manière à maximiser votre retour sur investissement.

7. Créez des pages de destination : créez des pages de destination pertinentes pour vos annonces et qui fournissent un appel à l'action clair pour l'utilisateur. Assurez-vous que les pages se chargent rapidement et sont adaptées aux appareils mobiles. Si votre site redirige vers HTTPS, définissez ce lien HTTPS comme URL cible. Pensez également à ajouter des paramètres d'URL. Consultez l'outil de création d'URL de campagne https://ga-dev-tools.google/ga4/campaign-url-builder .

8. Lancez votre campagne : lancez votre campagne et surveillez-la régulièrement

pour vous assurer qu'elle fonctionne comme prévu. Effectuez les ajustements nécessaires pour optimiser vos campagnes et maximiser votre retour sur investissement.

La mise en place d'une campagne PPC réussie nécessite une planification et un suivi minutieux. En suivant ces étapes, les entreprises peuvent s'assurer que leurs campagnes PPC sont efficaces, efficientes et génèrent les meilleurs résultats possibles.

C. Recherche de mots clés pour le PPC

La recherche de mots clés est un élément essentiel de la publicité au paiement par clic (PPC), car elle vous aide à déterminer les mots clés et les expressions à cibler dans vos campagnes. En ciblant les bons mots clés, vous pouvez vous assurer que vos annonces atteignent les bonnes personnes et génèrent les meilleurs résultats.

Voici un aperçu du processus de recherche de mots clés pour la publicité PPC :

1. Déterminez votre public cible : comprenez les données démographiques, les emplacements et les intérêts de votre public cible pour vous aider à sélectionner les bons mots clés et à atteindre les bonnes personnes. Si vous n'êtes pas sûr, commencez par une campagne large, par exemple à l'échelle mondiale, puis lancez quelques campagnes de test initiales et concentrez-vous sur les meilleurs pays géographiques après avoir obtenu des données pour voir quels pays ont les meilleures performances.

2. Identifiez les mots clés pertinents : utilisez des outils de recherche de mots clés, tels que Google Keyword Planner, pour identifier les mots clés pertinents pour votre entreprise et votre public cible. Tenez

compte du volume de recherche, du niveau de concurrence et du coût par clic pour chaque mot clé.

3. Regroupez les mots clés en groupes d'annonces : organisez vos mots clés en groupes en fonction de leur pertinence et de leur thème. Cela vous aidera à cibler vos annonces plus efficacement et à garantir que vos campagnes sont mieux organisées et faciles à gérer.

4. Faites correspondre les mots clés au texte de l'annonce : assurez-vous que le texte de votre annonce est pertinent par rapport aux mots clés que vous ciblez. Cela permettra de garantir que vos annonces sont pertinentes pour l'utilisateur et génèrent les meilleurs résultats.

5. Surveillez et ajustez vos mots clés : surveillez régulièrement vos mots clés pour voir ceux qui fonctionnent bien et ceux qui doivent être ajustés ou supprimés. Apportez

les modifications nécessaires à vos mots clés pour optimiser vos campagnes et maximiser votre retour sur investissement.

Selon Google, les mots clés sont des mots ou des expressions utilisés pour faire correspondre les annonces aux termes recherchés par les internautes. Les types de correspondance des mots clés déterminent dans quelle mesure le mot clé doit correspondre à la requête de recherche de l'utilisateur pour que l'annonce soit prise en compte pour l'enchère. Par exemple, vous pouvez utiliser une correspondance large pour diffuser votre annonce sur une plus grande variété de recherches d'utilisateurs ou vous pouvez utiliser une correspondance exacte pour vous concentrer sur des recherches d'utilisateurs spécifiques.

Correspondance large : les annonces peuvent s'afficher sur les recherches liées à votre mot clé, ce qui peut inclure des recherches qui ne contiennent pas la signification directe de vos mots clés. Cela vous permet d'attirer plus de visiteurs sur votre site Web, de passer moins de temps à créer des listes de mots clés et de concentrer vos dépenses sur les mots clés qui fonctionnent. La correspondance large est le type de correspondance par défaut qui est attribué à tous vos mots clés, car il est le plus complet. Cela signifie que vous n'avez pas besoin de spécifier un autre type de correspondance (comme une correspondance exacte ou une correspondance d'expression).

Correspondance d'expression : les annonces peuvent s'afficher sur les recherches qui incluent la signification de votre mot clé. La signification du mot clé peut être implicite et les recherches des utilisateurs peuvent être une forme plus spécifique de la signification. Avec la correspondance d'expression, vous pouvez atteindre plus de recherches qu'avec la correspondance exacte et moins de recherches qu'avec la correspondance large, en affichant uniquement vos annonces sur les recherches qui incluent votre produit ou service.

Correspondance exacte : les annonces peuvent s'afficher sur les recherches qui ont la même signification ou la même intention que le mot clé. Parmi les 3 options de correspondance de mots clés, la correspondance exacte vous permet de mieux déterminer qui voit votre annonce, mais atteint moins de recherches que la correspondance d'expression et la correspondance large.

En effectuant une recherche approfondie sur les mots clés, les entreprises peuvent s'assurer que leurs campagnes PPC sont ciblées, efficaces et génèrent les meilleurs résultats possibles. La recherche de mots clés aide les entreprises à atteindre les bonnes personnes avec le bon message et constitue un élément essentiel d'une stratégie publicitaire PPC réussie.

D. Création de textes publicitaires et de pages de destination

La création de textes publicitaires et de pages de destination est une étape importante du processus de publicité au paiement par clic (PPC). Ces éléments sont essentiels pour garantir que vos annonces sont pertinentes, attrayantes et efficaces pour générer des conversions.

Voici un aperçu du processus de création de textes publicitaires et de pages de destination pour la publicité PPC :

1. Rédigez un texte publicitaire convaincant : rédigez un texte publicitaire qui communique clairement la proposition de valeur de votre produit ou service et qui est pertinent par rapport aux mots clés que vous ciblez. Gardez votre texte publicitaire court, simple et précis, et utilisez des phrases d'incitation

à l'action fortes. Une erreur que les gens font souvent lorsqu'ils créent des microsites de campagne est de ne pas avoir suffisamment de texte sur le site, ce qui peut faire baisser le niveau de qualité des mots clés dans Google Ads, ce qui entraîne un coût par clic plus élevé. Comme vous payez plus pour vos clics, vous en obtiendrez moins et, au final, des conversions plus faibles.

2. Créez une page de destination : votre page de destination doit être adaptée aux mots clés et au texte publicitaire que vous utilisez, et doit être conçue pour convertir les visiteurs en clients. Votre page de destination doit inclure des appels à l'action clairs, des images et des vidéos de haute qualité, ainsi que des informations pertinentes sur votre produit ou service.

3. Optimisez les éléments de la page de destination : assurez-vous que les éléments

de votre page de destination, tels que le titre, le corps du texte et les images, sont optimisés pour les moteurs de recherche et pour l'engagement des utilisateurs. Utilisez un texte persuasif et des images convaincantes pour inciter les visiteurs à agir.

4. Testez et peaufinez : testez et peaufinez régulièrement votre texte publicitaire et vos pages de destination pour voir ce qui fonctionne le mieux. Essayez différentes variantes de textes publicitaires, de conceptions de pages de destination et d'appels à l'action pour voir ce qui résonne auprès de votre public cible et génère les meilleurs résultats.

La création de textes publicitaires et de pages de destination efficaces est essentielle au succès de vos campagnes PPC. En rédigeant des textes publicitaires convaincants et en concevant des pages de destination efficaces, les entreprises peuvent générer plus de clics, générer plus de conversions et obtenir un meilleur retour sur investissement de leurs efforts de publicité PPC.

E. Gestion des offres et planification budgétaire

La gestion des enchères et la planification budgétaire sont deux éléments essentiels de la publicité au paiement par clic (PPC). Ces éléments aident les entreprises à s'assurer qu'elles tirent le meilleur parti de leur budget publicitaire, tout en obtenant les meilleurs résultats possibles de leurs campagnes.

Voici un aperçu de la gestion des enchères et de la planification budgétaire dans la publicité PPC :

1. Gestion des enchères : la gestion des enchères consiste à définir et à ajuster le montant maximum que vous êtes prêt à

payer pour un clic sur votre annonce. Le montant d'enchère approprié peut vous aider à diffuser vos annonces auprès du public ciblé, tout en maximisant votre retour sur investissement.

2. Planification budgétaire : la planification budgétaire est le processus consistant à déterminer le montant que vous êtes prêt à dépenser pour vos campagnes PPC et la manière dont vous répartirez ce budget entre vos différentes campagnes et canaux publicitaires.

3. Définir un budget quotidien : définir un budget quotidien pour vos campagnes PPC vous aide à contrôler vos dépenses et à éviter les dépenses excessives. Votre budget quotidien doit être basé sur votre budget publicitaire global et doit être suffisamment élevé pour garantir que vos annonces bénéficient de la plus grande visibilité possible.

4. Recherche de mots clés et ciblage : pour maximiser l'efficacité de vos campagnes PPC, il est important de cibler les bons mots clés et de concentrer vos campagnes sur vos mots clés les plus rentables. La recherche de mots clés peut vous aider à déterminer quels mots clés sont les plus pertinents pour votre public cible et sont susceptibles de générer les meilleurs résultats. En règle générale, les mots clés à ciblage exact comme [marketing numérique] obtiendront moins d'impressions et de clics que les mots clés « expression » ou à requête large .

5. Optimisation continue : la gestion des enchères et la planification budgétaire sont des processus continus qui nécessitent une optimisation continue. Révisez et ajustez régulièrement vos enchères, vos budgets et vos stratégies de ciblage pour vous assurer

d'obtenir les meilleurs résultats possibles de vos campagnes PPC.

En gérant efficacement les enchères et en planifiant les budgets, les entreprises peuvent obtenir de meilleurs résultats de leurs efforts de publicité PPC, tout en contrôlant leurs dépenses et en maximisant leur retour sur investissement.

F. Mesurer le succès du PPC

Il est essentiel de mesurer le succès d'une campagne publicitaire au paiement par clic (PPC) pour s'assurer que la campagne produit les résultats souhaités et pour prendre des décisions éclairées concernant les campagnes futures. Voici un aperçu de la mesure du succès du PPC :

1. Indicateurs clés de performance (KPI) : les KPI sont des mesures qui vous aident à évaluer le succès de vos campagnes PPC.

Les KPI courants incluent le coût par clic (CPC), le taux de clics (CTR), le taux de conversion et le retour sur investissement publicitaire (ROAS), mais le coût par conversion doit être l'objectif principal des entreprises de commerce électronique.

2. Suivi des conversions : le suivi des conversions vous permet de mesurer le nombre de conversions, ou d'actions souhaitées, générées par vos campagnes PPC. Ces informations peuvent vous aider à déterminer le succès global de vos campagnes et le retour sur investissement.

3. Test A/B : les tests A/B consistent à comparer deux versions d'une annonce ou d'une page de destination pour déterminer quelle version est la plus efficace. Cela peut vous aider à améliorer les performances de vos campagnes et à générer de meilleurs résultats.

4. Outils d'analyse : Outils d'analyse, tels que Google Analytics https://analytics.google.com ou Hotjar https://www.hotjar.com , ou Piwik PRO https://piwik.pro/ fournit des informations détaillées sur les performances de vos campagnes PPC. Ces outils peuvent vous aider à suivre et à analyser des indicateurs clés, tels que le trafic, les conversions d'objectifs et le ROAS, pour déterminer le succès global de vos campagnes.

5. Rapports et analyses réguliers : des rapports et analyses réguliers sont essentiels pour mesurer le succès du PPC. Cela implique de revoir régulièrement vos indicateurs clés de performance (par exemple, le coût par conversion) et de prendre des décisions basées sur des données sur la manière d'optimiser vos campagnes pour de meilleurs résultats.

En mesurant le succès du PPC et en optimisant continuellement vos campagnes, les entreprises peuvent s'assurer que leurs efforts PPC produisent les meilleurs résultats possibles et qu'elles prennent des décisions éclairées concernant les campagnes futures. Le ROAS, ou retour sur investissement publicitaire, est une mesure essentielle du marketing numérique. Il est calculé en divisant les revenus attribués aux publicités par le coût de ces publicités, puis en multipliant par 100. Par exemple, si une campagne publicitaire de 1 000 $ génère 3 000 $ de revenus, le ROAS est de 3, ce qui indique un résultat très favorable . Cette mesure est essentielle pour optimiser les stratégies publicitaires et garantir une rentabilité maximale.

Questions du quiz PPC

1. Quelle est la principale structure de paiement dans la publicité au paiement par clic (PPC) ?

A. Frais d'abonnement mensuels

B. Paiement en fonction des impressions

C. Des frais par affichage d'annonce

D. Paiement pour chaque annonce cliquée

Réponse : D. Paiement pour chaque annonce cliquée

2. Quel rôle joue la pertinence des annonces dans la publicité PPC ?

A. Détermine l'attrait visuel de l'annonce

B. Détermine la fréquence d'affichage des publicités

C. Influence le coût par clic (CPC)

D. Affecte la position de l'annonce sur une page Web

Réponse : C. Influence le coût par clic (CPC)

3. Quel est le but de la création de groupes d'annonces dans une campagne PPC ?

A. Organiser les emplacements publicitaires sur les pages Web

B. Allouer des budgets publicitaires différents à chaque groupe

C. Pour segmenter les mots-clés en fonction de leur pertinence

D. Pour définir des montants d'enchères individuels pour chaque groupe

Réponse : C. Pour segmenter les mots-clés en fonction de leur pertinence

4. Quel est l'impact de la gestion des enchères sur la publicité PPC ?

A. Détermine le nombre d'annonces affichées

B. Affecte directement les scores de qualité des publicités

C. Établit la conception visuelle de l'annonce

D. Définit le paiement maximum pour les clics sur les annonces

Réponse : D. Définit le paiement maximum pour les clics sur les annonces

5. Quelle est l'importance des tests A/B dans les campagnes PPC ?
A. Suivi des performances publicitaires en temps réel
B. Segmentation des audiences en fonction du comportement
C. Comparaison de deux versions d'une annonce ou d'une page de destination
D. Suivi des conversions sur différentes plateformes

Réponse : C. Comparer deux versions d'une annonce ou d'une page de destination

6. Comment le suivi des conversions profite-t-il aux campagnes PPC ?

A. Mesure l'engagement du public avec les publicités

B. Détermine le nombre de clics sur une annonce

C. Évalue l'efficacité de la conception des publicités

D. Mesure le succès des actions générées par la publicité

Réponse : D. Mesure le succès des actions générées par la publicité

7. Quel élément ne fait PAS partie de la configuration d'une campagne PPC ?

A. Création d'un texte publicitaire

B. Définition du public cible

C. Identifier les mots clés pertinents

D. Créer des liens internes vers le site Web

Réponse : D. Créer des liens internes vers un site Web

8. Pourquoi mesurer le retour sur investissement publicitaire (ROAS) est-il essentiel dans la publicité PPC ?

A. Détermine la vitesse de chargement du site Web

B. Évalue le taux de clic de l'annonce

C. Évalue l'attrait visuel de la publicité

D. Optimise les stratégies publicitaires pour la rentabilité

Réponse : D. Optimise les stratégies publicitaires pour la rentabilité

9. Qu'est-ce qu'un budget quotidien permet principalement de contrôler dans les campagnes PPC ?

A. Le nombre de mots-clés utilisés

B. La fréquence d'affichage des publicités

C. Le montant dépensé pour chaque clic sur une annonce

D. Les limites globales des dépenses de campagne

Réponse : D. Les limites globales des dépenses de campagne

IV. Marketing sur les réseaux sociaux

A. Aperçu des plateformes de médias sociaux

Les plateformes de médias sociaux sont des communautés en ligne où les gens peuvent partager des informations, interagir avec d'autres et exprimer leurs opinions. Dans le marketing numérique, les plateformes de médias sociaux sont souvent utilisées pour promouvoir des produits, des services et la notoriété de la marque. Voici un aperçu des plateformes de médias sociaux les plus populaires :

1. Facebook : Facebook est la plus grande plateforme de médias sociaux avec plus de 2 milliards d'utilisateurs actifs par mois. C'est une plateforme où les gens peuvent se connecter avec des amis, partager du contenu et rejoindre des groupes liés à leurs intérêts. Remarque amicale : si vous êtes l'administrateur de votre page Facebook, assurez-vous d'ajouter un autre ami en tant

qu'administrateur au cas où vous seriez exclu de votre compte.

https://www.facebook.com/

2. X (anciennement Twitter) : X est une plateforme de microblogging qui permet aux utilisateurs de partager de courts messages, ou « tweets », avec leurs abonnés. X est largement utilisé par les entreprises pour promouvoir leurs produits, interagir avec leurs clients et partager des actualités et des mises à jour. https://x.com

3. Instagram : Instagram est une plateforme visuelle sur laquelle les utilisateurs peuvent partager des photos et de courtes vidéos avec leurs abonnés. Elle est particulièrement populaire auprès des entreprises des secteurs de la mode, de la beauté et du lifestyle. https://www.instagram.com

4. LinkedIn : LinkedIn est une plateforme de réseautage professionnel utilisée par les entreprises pour se connecter avec d'autres

entreprises et professionnels. C'est une plateforme qui permet aux entreprises de promouvoir leurs produits et services et de recruter de nouveaux employés.
https://www.linkedin.com/

5. YouTube : YouTube est une plateforme de partage de vidéos sur laquelle les utilisateurs peuvent télécharger, partager et visionner des vidéos. Elle est largement utilisée par les entreprises pour promouvoir leurs produits et services grâce au marketing vidéo. https://www.youtube.com/

6. Pinterest : Pinterest est une plateforme de découverte visuelle et de bookmarking où les utilisateurs peuvent enregistrer et partager des images et des idées liées à leurs centres d'intérêt. Elle est largement utilisée par les entreprises des secteurs de la mode, de la beauté et de la décoration intérieure. https://www.pinterest.com/

7. TikTok. Rejoignez les millions de téléspectateurs qui découvrent du contenu et des créateurs sur TikTok - disponible sur le Web ou sur votre appareil mobile. https://www.tiktok.com

Ce ne sont là que quelques exemples des nombreuses plateformes de médias sociaux disponibles aujourd'hui. En marketing numérique, il est important de choisir les bonnes plateformes qui sont les plus pertinentes pour votre public cible et vos objectifs commerciaux.

B. Élaboration d'une stratégie de médias sociaux

Développer une stratégie de médias sociaux est une étape essentielle pour maximiser les avantages du marketing sur les médias sociaux. Une stratégie de médias sociaux doit définir les buts et objectifs de votre présence sur les médias sociaux, déterminer votre public cible et identifier les plateformes et le contenu qui susciteront le plus d'intérêt auprès de votre public. Voici les étapes clés de l'élaboration d'une stratégie de médias sociaux :

1. Définissez vos objectifs : Commencez par définir ce que vous souhaitez accomplir grâce à votre présence sur les réseaux sociaux. Il peut s'agir d'accroître la notoriété de votre marque, de générer du trafic vers votre site Web, de générer des prospects ou d'améliorer l'engagement des clients.

2. Identifiez votre public cible : qui est votre client idéal et quels sont ses besoins et ses préférences ? Comprendre votre public cible vous aidera à choisir les bonnes plateformes et à créer du contenu qui lui plaira.

3. Choisissez les bonnes plateformes : toutes les plateformes de réseaux sociaux ne se valent pas. Choisissez des plateformes adaptées à votre public cible et à vos

objectifs commerciaux. Par exemple, si votre public cible est B2B, LinkedIn pourrait être la meilleure plateforme pour vous.

4. Créez un calendrier de contenu : planifiez le type de contenu que vous publierez sur les réseaux sociaux et la fréquence de vos publications. Cela contribuera à garantir un flux de contenu cohérent et à réduire la pression de devoir trouver de nouvelles idées au quotidien.

5. Engagez le dialogue avec votre public : les réseaux sociaux sont un dialogue à double sens. Encouragez vos abonnés à interagir avec vous en répondant aux commentaires, en organisant des concours et en demandant leur avis. Essayez d'obtenir des partages et non des mentions « j'aime », car les partages augmenteront le nombre total de vues de votre publication, car chaque partageur place votre publication devant ses propres abonnés.

6. Mesurez et ajustez : mesurez régulièrement les résultats de vos efforts sur les réseaux sociaux et ajustez votre stratégie si nécessaire. Cela vous aidera à comprendre ce qui fonctionne et ce qui ne fonctionne pas, et à prendre des décisions éclairées sur la manière d'optimiser votre présence sur les réseaux sociaux.

7. Gagnez du temps en utilisant l'IA pour automatiser les publications, ceci est abordé plus en détail dans la section « Utilisation de l'IA dans le marketing numérique ».

En suivant ces étapes, vous pouvez développer une stratégie de médias sociaux qui correspond à vos objectifs commerciaux et vous aide à interagir efficacement avec votre public cible sur les médias sociaux.

C. Créer et partager du contenu

La création et le partage de contenu sont des aspects cruciaux du marketing sur les réseaux sociaux. Un contenu adapté peut contribuer à renforcer la notoriété de votre marque, à interagir avec votre public cible et à générer du trafic vers votre site Web. Voici quelques conseils pour créer et partager du contenu efficace sur les réseaux sociaux :

1. Connaissez votre public : commencez par comprendre votre public cible et le type de contenu qu'il recherche. Cela vous aidera à créer du contenu qui trouve un écho auprès de lui et qui répond à ses besoins et à ses intérêts.

2. Créez une variété de contenu : mélangez les types de contenu que vous partagez sur les réseaux sociaux. Il peut s'agir de publications textuelles, d'images, de vidéos, d'infographies, etc. Cette variété permettra

de maintenir l'intérêt de votre public et de réduire le risque d'ennui.

3. Utilisez des éléments visuels : le contenu visuel est plus attrayant que le contenu textuel. Utilisez des images, des vidéos et des infographies pour diviser le texte et rendre votre contenu plus intéressant et visuellement attrayant.

4. Utilisez la narration : les gens sont naturellement attirés par les histoires, et raconter des histoires à travers votre contenu peut contribuer à le rendre plus mémorable et plus percutant. Que vous partagiez une histoire personnelle ou que vous présentiez un témoignage client, la narration peut vous aider à vous connecter avec votre public et à fidéliser votre marque.

5. Optimisez votre contenu pour chaque plateforme : les différentes plateformes de réseaux sociaux ont des exigences différentes en matière de taille et de format

des images et des vidéos. Assurez-vous d'optimiser votre contenu pour chaque plateforme afin qu'il s'affiche correctement et soit optimal.

6. Promouvez le contenu généré par les utilisateurs : encouragez vos abonnés à partager leur propre contenu lié à votre marque. Cela peut inclure le partage de leurs photos, expériences ou réflexions sur vos produits ou services.

7. Mesurez et ajustez : mesurez régulièrement les performances de votre contenu et effectuez les ajustements nécessaires. Cela vous aidera à comprendre quel type de contenu résonne auprès de votre public et quel type de contenu ne résonne pas, et à prendre des décisions éclairées sur le contenu à créer et à partager à l'avenir.

En suivant ces conseils, vous pouvez créer et partager du contenu qui interagit efficacement avec votre public cible et soutient vos objectifs de marketing sur les réseaux sociaux.

D. Interagir avec les abonnés

L'engagement avec les abonnés est un aspect important sur lequel il faut se concentrer. L'engagement fait référence au processus d'interaction et de réponse à votre public sur les plateformes de médias sociaux. Cela peut se faire par le biais de diverses méthodes telles que les commentaires, les mentions « j'aime », les partages, les retweets et les messages directs.

L'objectif de l'engagement est de créer un lien significatif avec vos abonnés, de fidéliser votre marque et d'augmenter votre portée sur les réseaux sociaux. Il est important d'écouter votre public, de répondre à ses commentaires et questions le plus rapidement possible et de participer activement aux conversations en ligne liées à votre marque.

En interagissant avec vos abonnés, vous pouvez créer une communication bidirectionnelle et établir un lien personnel fort avec votre public. Cela peut vous aider à accroître la notoriété de votre marque, à générer du trafic vers votre site Web et à améliorer vos performances sur les réseaux sociaux au fil du temps.

E. Mesurer le succès des médias sociaux

Il est important de mesurer le succès de vos efforts sur les réseaux sociaux. Pour savoir si vos efforts sur les réseaux sociaux donnent des résultats, vous devez établir des indicateurs et des objectifs clairs et suivre vos performances au fil du temps.

Il existe plusieurs indicateurs que vous pouvez utiliser pour mesurer le succès de votre marketing sur les réseaux sociaux, notamment :

1. Taux d'engagement : cela inclut les likes, les commentaires, les partages, les retweets et d'autres formes d'interaction avec votre contenu.
2. Abonnés : suivez le nombre d'abonnés que vous avez sur chaque plateforme et surveillez la croissance au fil du temps.
3. Trafic : suivez le nombre de clics depuis vos profils de réseaux sociaux vers votre site Web et voyez s'il augmente.
4. Génération de leads : suivez le nombre de leads générés par vos efforts sur les réseaux sociaux, tels que les inscriptions par e-mail ou les soumissions de formulaires de contact.

5. Ventes : suivez le nombre de ventes ou de conversions générées à partir de vos profils de réseaux sociaux.

en analysant régulièrement ces indicateurs, vous pouvez identifier les sources et les supports qui fonctionnent bien et ceux qui doivent être améliorés, et prendre des décisions basées sur les données pour optimiser vos efforts de marketing sur les réseaux sociaux. Il est important de définir des objectifs et des repères réalistes, et de suivre et d'analyser régulièrement vos performances afin d'améliorer continuellement vos résultats au fil du temps.

Questions du quiz sur le marketing des médias sociaux

1. Quelle plateforme est particulièrement populaire parmi les entreprises des secteurs de la mode, de la beauté et du style de vie ?

A. LinkedIn

B. X (anciennement Twitter)

C. Instagram

D. Facebook

Réponse : C. Instagram

2. Quelle est la fonction principale de l'élaboration d'une stratégie de médias sociaux ?

A. Augmenter le nombre d'abonnés

B. Déterminer la plateforme la plus utilisée

C. Définir les objectifs et interagir avec tous les utilisateurs

D. Aligner la présence sur les réseaux sociaux avec les objectifs commerciaux

Réponse : D. Alignez la présence sur les réseaux sociaux avec les objectifs commerciaux

3. Quelle étape de la stratégie des médias sociaux implique la planification de la fréquence et du type de contenu ?

A. Définition des buts et des objectifs

B. Interagir avec le public

C. Créer un calendrier de contenu

D. Mesure et réglage

Réponse : C. Créer un calendrier de contenu

4. Pourquoi le contenu généré par les utilisateurs est-il promu dans le marketing des médias sociaux ?

A. Augmente les coûts de publicité

B. Réduit le besoin de création de contenu original

C. Engage le public et augmente le nombre total de vues

D. Améliore les optimisations spécifiques à la plateforme

Réponse : C. Engage le public et augmente le nombre total de vues

5. Quel aspect de la création de contenu n'est PAS mis en avant dans le marketing des médias sociaux ?

A. Utiliser divers types de contenu

B. Raconter des histoires captivantes

C. Personnaliser les messages pour chaque abonné

D. Optimiser le contenu pour chaque plateforme

Réponse : C. Personnaliser les messages pour chaque abonné

6. Qu'est-ce qui définit l'engagement dans le marketing des médias sociaux ?

A. Le nombre de likes sur une publication

B. La fréquence de partage de contenu

C. Interaction et réponse avec le public

D. Le nombre d'abonnés gagnés chaque semaine

Réponse : C. Interaction et réponse avec le public

7. Quelle mesure est utilisée pour suivre le nombre de clics des réseaux sociaux vers un site Web ?

A. Taux d'engagement

B. Nombre d'abonnés

C. Trafic

D. Génération de leads

Réponse : C. Trafic

8. Quelle plateforme de médias sociaux est principalement connue pour le microblogging ?

A. Instagram

B. LinkedIn

C. X (anciennement Twitter)

D. YouTube

Réponse : C. X (anciennement Twitter)

9. Quel est l'objectif principal de la mesure du succès des médias sociaux ?

A. Pour augmenter le nombre d'abonnés

B. Pour suivre les taux d'engagement mensuels

C. Pour s'aligner sur les objectifs commerciaux

D. Pour générer du trafic uniquement via les réseaux sociaux

Réponse : C. Pour s'aligner sur les objectifs commerciaux

10. Quel devrait être l'objectif d'une stratégie de médias sociaux auprès du public ?

A. Un lien personnel

B. Une communication à sens unique

C. Une relation axée sur les affaires

D. Une interaction spécifique à la plateforme

Réponse : A. Un lien personnel

V. Marketing de contenu

A. Présentation du marketing de contenu

Le marketing de contenu est une stratégie qui consiste à créer et à partager du contenu précieux, pertinent et cohérent dans le but d'attirer et de fidéliser un public cible spécifique et, en fin de compte, de générer des actions clients rentables.

Ce type de marketing s'appuie sur diverses formes de contenu, telles que des billets de blog, des articles, des infographies, des podcasts, des vidéos, etc., pour interagir avec votre public cible et instaurer une relation de confiance avec lui au fil du temps. En fournissant des informations précieuses et en résolvant les problèmes de votre public, vous pouvez établir votre marque comme un leader d'opinion dans votre secteur et vous positionner comme une ressource de confiance pour vos clients.

En plus de renforcer la confiance et la crédibilité auprès de votre public, le marketing de contenu peut également générer du trafic vers votre site Web, accroître votre visibilité sur les moteurs de recherche et générer des prospects et des ventes pour votre entreprise. C'est un moyen efficace de communiquer avec votre public et de communiquer la valeur de votre marque d'une manière à la fois informative et agréable pour vos clients.

En intégrant une stratégie de marketing de contenu solide à votre plan global de marketing numérique, vous pouvez créer une relation durable et précieuse avec votre public et constater un impact significatif sur vos résultats.

B. Stratégie de marketing de contenu

Les stratégies de marketing de contenu que vous devriez envisager incluent :

1. Bloguer : créer et publier régulièrement des articles de blog pour éduquer et informer les publics cibles. La moitié des spécialistes du marketing utilisent des vidéos, 47 % utilisent des images, suivis de 33 % qui publient des articles de blog, des infographies (30 %) et des podcasts ou d'autres contenus audio (28 %). (Source des statistiques : Rapport sur les stratégies et tendances marketing 2024 du blog HubSpot https://blog.hubspot.com/marketing/hubspot-blog-marketing-industry-trends-report)

2. Infographie : représentation visuelle d'informations ou de données dans un format graphique pour rendre les idées complexes faciles à comprendre.

3. Livres électroniques et livres blancs : contenu long qui fournit des informations détaillées sur un sujet spécifique.

4. Études de cas : examen détaillé d'un cas ou d'une instance spécifique pour montrer

comment un produit ou un service a résolu un problème pour un client.

5. Contenu vidéo : Utilisation de la vidéo pour partager des informations, raconter des histoires ou démontrer des produits et des services.

6. Webinaires : présentations en ligne qui éduquent et informent les publics cibles en temps réel.

7. Contenu des médias sociaux : création et partage de contenu sur les plateformes de médias sociaux pour interagir avec les publics cibles et générer du trafic vers un site Web.

8. Podcasts : saviez-vous que près de la moitié des auditeurs de podcasts choisissent de sauter les publicités (source des statistiques : https://www.marketingweek.com/podcast-ad-avoidance/)

9. Marketing par e-mail : envoi régulier d'e-mails aux abonnés pour éduquer, informer et établir des relations.
10. Streaming en direct : Chat vidéo

Voici quelques-unes des stratégies de marketing de contenu les plus populaires pour vous permettre de comprendre comment créer et distribuer du contenu efficacement pour atteindre et engager les publics cibles.

C. Créer et partager du contenu de valeur

Créer et partager du contenu de valeur est un aspect essentiel pour engager votre public cible et instaurer la confiance. Le contenu doit être éducatif, informatif et pertinent par rapport aux intérêts de votre public. Parmi les formats de contenu à prendre en compte figurent les articles de blog, les infographies, les vidéos, les livres électroniques, les études de cas, etc. Pour garantir un impact maximal, le contenu doit être bien documenté, visuellement attrayant et optimisé pour les moteurs de recherche. Il est également important de partager votre contenu sur différents canaux pour atteindre un public plus large, notamment votre site Web, les réseaux sociaux et le marketing par e-mail. L'objectif de la création et du partage de contenu de valeur est d'établir votre marque en tant que leader d'opinion du secteur et de stimuler l'engagement, les prospects et les conversions. La règle générale consiste à essayer de mettre en place ces éléments : titre, visuel, texte détaillé, appel à l'action (lien).

D. Mesurer le succès du marketing de contenu

Il est essentiel de mesurer le succès et l'échec de vos efforts de marketing de contenu pour comprendre ce qui fonctionne et ce qui ne fonctionne pas, et pour prendre des décisions basées sur des données statistiques pour les stratégies futures. Voici quelques indicateurs que vous pouvez utiliser pour évaluer l'efficacité de votre marketing de contenu :

1. Trafic : suivez le nombre de visiteurs sur votre site Web, votre blog ou votre application et analysez leur provenance. Cela vous donnera une idée du contenu source qui génère le plus de trafic.

2. Engagement : mesurez l'engagement en suivant des indicateurs tels que le temps passé sur le site, le nombre de commentaires, les partages sur les réseaux sociaux et les mentions « J'aime ». Cela vous donnera une idée de la façon dont votre contenu résonne auprès de votre public. N'oubliez pas de répondre à tous les commentaires, les réseaux sociaux ont besoin de participation.

3. Génération de leads : suivez le nombre de leads générés par vos efforts de marketing

de contenu, tels que les abonnés aux e-mails, les inscriptions à la newsletter et les soumissions de formulaires de contact.

4. Taux de conversion : mesurez le nombre d'événements et de conversions issus de vos efforts de marketing de contenu, tels que le nombre de ventes ou d'inscriptions.

5. Retour sur investissement (ROI) : calculez le retour sur investissement de vos efforts de marketing de contenu en divisant les revenus générés par le coût de création et de distribution ou de publicité du contenu.

Il est important de suivre et d'analyser régulièrement ces indicateurs pour améliorer en permanence votre stratégie de marketing de contenu et atteindre vos objectifs. Consultez ces exemples de sites de gestion de contenu Web : https://ghost.org/ , https://webflow.com/ , https://unicornplatform.com/ , https://www.squarespace.com/ ,

https://www.patreon.com/ , https://www.wix.com/

Questions du quiz sur le marketing de contenu

1. Quel est l'objectif principal du marketing de contenu ?

A. Générer un trafic maximal

B. Attirer un public général

C. Engager un public cible spécifique

D. Promouvoir directement des produits ou des services

Réponse : C. Engager un public cible spécifique

2. Quelle forme de contenu n'est PAS souvent · utilisée dans le marketing de contenu ?

A. Articles de blog

B. Mèmes sur les réseaux sociaux

C. Études de cas

D. Infographie

Réponse : B. Mèmes sur les réseaux sociaux

3. Quel est l'objectif principal de la création et du partage de contenu de valeur ?

A. Établir des ventes immédiates

B. Instaurer la confiance et l'engagement

C. Attirer du trafic en ligne aléatoire

D. Optimiser la conception du site Web

Réponse : B. Établir la confiance et l'engagement

4. Quelle mesure permet d'évaluer dans quelle mesure votre contenu résonne auprès de votre public ?

A. Nombre de visiteurs du site Web

B. Temps passé sur le site

C. Le volume des publications sur les réseaux sociaux

D. Fréquence des mises à jour du blog

Réponse : B. Temps passé sur le site

5. Quelle n'est PAS une mesure couramment utilisée pour évaluer le succès du marketing de contenu ?

A. Trafic

B. Taux de conversion

C. Notoriété de la marque

D. Tendances du marché boursier

Réponse : D. Tendances du marché boursier

6. Quelle stratégie implique des présentations en ligne en temps réel à des fins éducatives ?

A. Bloguer

B. Études de cas

C. Webinaires

D. Podcasts

Réponse : C. Webinaires

7. Quel type de contenu implique de fournir des informations approfondies sur un sujet spécifique ?

A. Articles de blog

B. Infographie

C. Livres électroniques et livres blancs

D. Contenu vidéo

Réponse : C. Livres électroniques et livres blancs

8. Quelle forme de contenu fournit souvent une représentation graphique de données complexes ?

A. Vidéos

B. Podcasts

C. Infographie

D. Webinaires

Réponse : C. Infographie

9. Quelle mesure indique le nombre de prospects générés grâce aux efforts de marketing de contenu ?

A. Taux de conversion

B. Trafic

C. Engagement

D. Génération de leads

Réponse : D. Génération de leads

10. Quel est le principal avantage du suivi régulier des indicateurs de marketing de contenu ?

A. Augmentation immédiate des ventes

B. Améliorer la conception du site Web

C. Amélioration continue de la stratégie

D. Réduire le volume de contenu créé

Réponse : C. Amélioration continue de la stratégie

VI. Marketing par courriel

A. Présentation du marketing par courrier électronique

Le marketing par e-mail consiste à utiliser le courrier électronique pour promouvoir des produits, des services ou établir des relations avec des clients potentiels et existants. Il s'agit d'un moyen rentable d'atteindre un large public et de générer du trafic vers un site Web, d'augmenter les ventes et de renforcer la notoriété de la marque. Voici un aperçu du marketing par e-mail :

1. Public ciblé : l'un des principaux avantages du marketing par e-mail est la possibilité de cibler des groupes spécifiques de personnes. Vous pouvez segmenter votre liste d'e-mails en fonction de données démographiques, de comportements ou d'intérêts pour envoyer des messages personnalisés.

2. Résultats mesurables : le marketing par e-mail est facilement mesurable à l'aide d'indicateurs tels que les taux d'ouverture, les taux de clics sur les liens, les taux de conversion, etc. Cela vous permet de suivre le succès de vos campagnes de publipostage électronique (EDM) et de prendre des décisions basées sur des données pour les stratégies futures.

3. Rentable : Comparé à d'autres canaux marketing, le marketing par e-mail est rentable et offre un retour sur investissement (ROI) élevé. Il ne nécessite qu'un petit investissement dans un logiciel ou des services de marketing par e-mail et la création de votre contenu d'e-mail.

4. Flexibilité : le marketing par e-mail offre un niveau de flexibilité élevé, de la fréquence des e-mails envoyés au type de contenu inclus. Vous pouvez envoyer des newsletters, des e-mails promotionnels, des

e-mails transactionnels et bien plus encore pour atteindre votre public.

5. Automatisation : les logiciels et services de marketing par e-mail offrent des fonctionnalités d'automatisation, telles que des e-mails déclenchés en fonction du comportement des abonnés , des e-mails de bienvenue automatisés, etc. Cela vous fait gagner du temps et des efforts tout en offrant une touche personnalisée à votre public.

Dans l'ensemble, le marketing par e-mail est un élément essentiel d'une stratégie de marketing numérique complète. En comprenant les bases du marketing par e-mail et en l'utilisant efficacement, les entreprises peuvent atteindre leurs objectifs marketing et se connecter avec leur public à un niveau personnel.

B. Créer une liste de courrier électronique

Créer une liste de diffusion est un élément essentiel du succès du marketing par e-mail. Une liste de diffusion ciblée et engagée vous permet d'atteindre directement votre public et de promouvoir vos produits ou services. Voici quelques étapes pour créer une liste de diffusion :

1. Offrez une incitation intéressante : offrez une raison convaincante pour que les gens rejoignent votre liste de diffusion, comme une remise exclusive, un livre électronique ou un webinaire gratuit, ou l'accès à du contenu exclusif.
2. Placez des formulaires d'inscription à la newsletter sur votre site Web, généralement situés dans le pied de page : facilitez l'inscription des visiteurs à votre liste de diffusion en plaçant des formulaires d'inscription sur votre site Web, votre blog et vos pages de destination.

3. Utilisez les réseaux sociaux : faites la promotion de votre liste de diffusion sur les réseaux sociaux et facilitez l'inscription de vos abonnés via un lien dans votre biographie ou en faisant la promotion d'une page de destination avec un formulaire d'inscription.

4. Proposez des options d'inscription lors du processus de paiement : si vous vendez des produits ou des services en ligne, proposez la possibilité de s'inscrire à votre liste de diffusion lors du processus de paiement.

5. Collaborez avec d'autres entreprises : Associez-vous à des entreprises complémentaires pour promouvoir conjointement vos listes de diffusion.

6. Segmentez votre liste : segmentez votre liste de diffusion en fonction des intérêts, du comportement et des données démographiques des abonnés pour envoyer des messages ciblés et personnalisés.

7. Offrez de la valeur : une fois qu'un utilisateur rejoint votre liste de diffusion, assurez-vous d'offrir de la valeur à chaque e-mail que vous envoyez. Il peut s'agir de contenu éducatif, de promotions ou simplement de tenir votre public informé de l'évolution de votre entreprise.

8. Il n'est pas nécessaire d'avoir une présence sur le Web pour créer une liste de diffusion. Vous pouvez par exemple utiliser une recherche avancée pour essayer de trouver des contacts. Si vous ouvrez les sites Web à partir des résultats de recherche ici, vous verrez que presque tous ont des adresses e-mail disponibles. Exemple :

https://www.google.com/search?q=email+%40+.com+Copyright+©+2025

Créer une liste de diffusion demande du temps et des efforts, mais c'est un investissement rentable pour le succès à long terme de vos efforts de marketing par e-mail. Il existe également de nombreux outils qui vous feront gagner du temps, comme par exemple les extracteurs d'e-mails qui extrairont uniquement les e-mails d'une grande quantité de texte. https://www.text-utils.com/extract-emails/ . En suivant ces étapes et en fournissant systématiquement du contenu de qualité, vous pouvez créer une liste de diffusion ciblée et engagée qui fera progresser votre entreprise.

C. Créer des e-mails efficaces

Créer des e-mails efficaces qui engagent et convertissent vos abonnés et clients est essentiel au succès de votre marketing par e-mail. Voici quelques conseils pour créer des e-mails efficaces :

1. Définissez clairement l'objectif : avant de commencer à créer votre e-mail, définissez l'objectif de l'e-mail. S'agit-il de promouvoir

un produit, de fournir du contenu éducatif ou de nouer des relations avec votre public ?

2. Connaissez votre public : comprenez votre public et ce qu'il souhaite recevoir dans sa boîte de réception. Utilisez la segmentation pour personnaliser les e-mails en fonction du comportement, des centres d'intérêt et des données démographiques des abonnés.

3. Utilisez une ligne d'objet claire : la ligne d'objet est la première chose que les abonnés voient, et elle doit attirer l'attention et transmettre clairement l'objectif de l'e-mail.

4. Restez simple : veillez à ce que la conception et le contenu de vos e-mails soient simples et faciles à lire. Utilisez un langage clair et concis et évitez d'utiliser trop d'images ou de gros blocs de texte.

5. Rendez-le visuellement attrayant : utilisez des éléments visuels attrayants, tels que des

images et des graphiques, pour rendre vos
e-mails plus attrayants et mémorables.

6. Offrez de la valeur : offrez de la valeur dans
chaque e-mail que vous envoyez, qu'il
s'agisse de contenu éducatif, de promotions
ou de mises à jour sur votre entreprise.

7. Appel à l'action : incluez un appel à l'action
clair dans chaque e-mail, qu'il s'agisse
d'acheter un produit, de visiter une page de
destination ou de s'inscrire à un webinaire.

8. Testez et optimisez : testez et optimisez
régulièrement vos e-mails en fonction de
mesures telles que les taux d'ouverture, les
taux de clics et les taux de conversion.

En suivant ces conseils, vous pouvez créer des e-
mails efficaces qui engagent et convertissent vos
abonnés et clients, et favoriser le succès de vos
efforts de marketing par e-mail.

D. Automatisation et personnalisation

L'automatisation et la personnalisation sont des éléments clés d'un marketing par e-mail efficace. En automatisant certains aspects de vos campagnes par e-mail et en personnalisant le contenu pour chaque destinataire, vous pouvez augmenter les taux d'engagement et de conversion. Voici quelques moyens d'automatiser et de personnaliser votre marketing par e-mail :

1. E-mails de bienvenue automatisés : envoyez des e-mails de bienvenue automatisés aux nouveaux abonnés, présentant votre marque et offrant une valeur immédiate.

2. E-mails déclenchés : envoyez des e-mails déclenchés en fonction du comportement des abonnés , tels que des e-mails de panier abandonné ou des e-mails de confirmation d'achat.

3. Lignes d'objet et contenu personnalisés : personnalisez la ligne d'objet et le contenu

de chaque e-mail en fonction du comportement , des intérêts et des données démographiques de l'abonné. Découvrez Pipeline CRM qui vous aide à visualiser et à comprendre votre pipeline de vente afin de développer votre activité. Pipeline CRM intègre la messagerie électronique pour que vous sachiez quand votre prospect ouvre un e-mail, clique sur un lien ou télécharge une pièce jointe. Il dispose également d'une gestion des prospects avec suivi du statut pour savoir où se trouve chaque prospect dans le processus de vente.

https://pipelinecrm.com/

4. Segmentation : segmentez votre liste de diffusion en fonction du comportement , des intérêts et des données démographiques des abonnés pour envoyer du contenu ciblé et personnalisé. Brevo vous aide à développer votre activité. Établissez des

relations avec vos clients par e-mail, SMS, chat, etc. https://www.brevo.com/

5. Contenu dynamique : utilisez le contenu dynamique pour afficher ou masquer le contenu en fonction du comportement ou des préférences des abonnés. Le service de marketing par e-mail de Campaign Monitor propose une gamme de fonctionnalités faciles à utiliser pour aider les débutants à créer une audience engagée avec des modèles d'e-mails réactifs, des personnalisations faciles à ajouter à l'aide des données de contact et l'optimisation du temps d'envoi. https://www.campaignmonitor.com/

6. Recommandations : utilisez des algorithmes d'apprentissage automatique pour personnaliser les recommandations de produits pour chaque destinataire.

7. Tests A/B : effectuez régulièrement des tests A/B pour optimiser le contenu de vos e-

mails, vos lignes d'objet et votre conception pour un impact maximal.

En combinant automatisation et personnalisation dans votre marketing par e-mail, vous pouvez créer une expérience plus engageante et pertinente pour chaque destinataire, ce qui se traduit par des taux d'engagement et de conversion plus élevés.

E. Mesurer le succès du marketing par e-mail

Il est essentiel de mesurer le succès de vos campagnes de marketing par e-mail pour comprendre l'impact de vos efforts et prendre des décisions basées sur des données pour améliorer vos résultats. Voici quelques indicateurs clés pour mesurer le succès du marketing par e-mail :

1. Taux d'ouverture : le taux d'ouverture mesure le nombre d'abonnés qui ont ouvert votre e-mail sur le nombre total d'e-mails

envoyés. Un taux d'ouverture élevé indique que votre ligne d'objet et votre réputation d'expéditeur attirent efficacement l'attention.

2. Taux de clics : le taux de clics mesure le nombre d'abonnés qui ont cliqué sur un lien dans votre e-mail par rapport au nombre total d'e-mails ouverts. Un taux de clics élevé indique que votre contenu est pertinent et engageant.

3. Taux de conversion : Le taux de conversion mesure le nombre d'abonnés qui ont effectué une action souhaitée, comme effectuer un achat, remplir un formulaire ou s'inscrire à un webinaire, sur le nombre total d'e-mails envoyés ou cliqués. Mailchimp prétend « transformer les e-mails en revenus » grâce à des automatisations d'e-mails, une IA générative, une segmentation, des analyses et des rapports.

https://mailchimp.com/

4. Taux de rebond : le taux de rebond mesure le nombre d'e-mails renvoyés comme non distribuables par rapport au nombre total d'e-mails envoyés. Un taux de rebond élevé peut indiquer des problèmes liés à la qualité de votre liste d'e-mails ou à la délivrabilité des e-mails.

5. Taux de plaintes pour spam : le taux de plaintes pour spam mesure le nombre d'abonnés qui ont marqué votre e-mail comme spam par rapport au nombre total d'e-mails envoyés. Un taux de plaintes pour spam élevé peut indiquer que le contenu de votre e-mail n'est pas pertinent ou utile pour les abonnés. Avec Zendesk, vous pouvez communiquer avec vos clients sur Facebook, Whatsapp , Slack et bien plus encore grâce aux intégrations de Zendesk. Zendesk dispose d'un filtre anti-spam activé par défaut lorsque vous créez votre centre d'aide. Le filtre anti-spam empêche la

publication dans votre centre d'aide des publications et commentaires nouveaux et modifiés des utilisateurs finaux qui semblent être du spam . https://www.zendesk.com

6. Taux de désabonnement : le taux de désabonnement mesure le nombre d'abonnés qui se sont désabonnés de votre liste de diffusion par rapport au nombre total d'e-mails envoyés. Un taux de désabonnement élevé peut indiquer que le contenu de votre e-mail n'est pas pertinent ou utile pour les abonnés.

En surveillant régulièrement ces indicateurs, vous pouvez obtenir des informations précieuses sur le succès de vos efforts de marketing par e-mail et prendre des décisions basées sur les données pour améliorer vos résultats.

Questions du quiz sur le marketing par e-mail

1. Quel n'est PAS un avantage de l'utilisation du marketing par e-mail dans le cadre d'une stratégie de marketing numérique ?

A. Cibler des groupes d'audience spécifiques

B. Rentabilité et retour sur investissement élevé

C. Incapacité à mesurer le succès de la campagne

D. Flexibilité dans le contenu et la fréquence

Réponse : C. Incapacité à mesurer le succès d'une campagne

2. Quelle mesure est utilisée pour mesurer le nombre d'abonnés qui ont ouvert votre e-mail sur le total envoyé ?

A. Taux de conversion

B. Taux de clics

C. Taux d'ouverture

D. Taux de rebond

Réponse : C. Taux d'ouverture

3. Comment les entreprises peuvent-elles segmenter leur liste de diffusion pour personnaliser les messages ?

A. En envoyant des e-mails en masse à toute la liste

B. En ignorant le comportement et les données démographiques des abonnés

C. En personnalisant uniquement la ligne d'objet

D. En utilisant le comportement , les intérêts et les données démographiques des abonnés

Réponse : D. En utilisant le comportement , les intérêts et les données démographiques des abonnés

4. Quelle est l'étape essentielle dans la création d'une liste de diffusion ?

A. Achat de listes de courrier électronique auprès de fournisseurs tiers

B. Envoi d'e-mails sans aucune incitation

C. Segmentation de la liste en fonction des données démographiques

D. Offrir une incitation précieuse à adhérer

Réponse : D. Offrir une incitation précieuse à rejoindre

5. Que suggère un taux de rebond élevé dans le marketing par e-mail ?

A. Fort engagement auprès des abonnés

B. Forte pertinence du contenu pour les abonnés

C. Problèmes liés à la qualité ou à la délivrabilité de la liste de diffusion

D. Faible taux de désabonnement

Réponse : C. Problèmes liés à la qualité ou à la délivrabilité de la liste de diffusion

6. Quel est l'objectif principal de l'automatisation dans le marketing par e-mail ?

A. Pour augmenter le taux de désabonnement

B. Personnaliser le contenu pour chaque destinataire

C. Pour envoyer des e-mails génériques et non personnalisés

D. Pour éviter de créer du contenu de valeur

Réponse : B. Pour personnaliser le contenu pour chaque destinataire

7. Quelle mesure le nombre d'abonnés qui ont cliqué sur un lien dans votre e-mail ?

A. Taux de conversion

B. Taux de clics

C. Taux d'ouverture

D. Taux de rebond

Réponse : B. Taux de clics

8. Comment peut-on mesurer le succès du marketing par e-mail ?

A. Uniquement par taux d'ouverture et de clic

B. Uniquement par le taux de conversion et le taux de désabonnement

C. En surveillant diverses mesures telles que le taux d'ouverture, le taux de clics, le taux de conversion, le taux de rebond, etc.

D. En s'appuyant uniquement sur les lignes d'objet

Réponse : C. En surveillant diverses mesures telles que le taux d'ouverture, le taux de clics, le taux de conversion, le taux de rebond, etc.

9. Quelle est l'approche recommandée pour créer des e-mails efficaces ?

A. Surcharge avec de nombreuses images et de gros blocs de texte

B. Utiliser un langage complexe pour rendre la lecture difficile

C. Rester simple, visuellement attrayant et apporter de la valeur

D. Exclure un appel à l'action dans chaque e-mail

Réponse : C. Rester simple, visuellement attrayant et apporter de la valeur

10. Comment les entreprises peuvent-elles bénéficier de la segmentation de leur liste de diffusion ?
A. En envoyant le même contenu à tous les abonnés
B. En réduisant les taux d'engagement et d'ouverture
C. En créant des messages ciblés et personnalisés
D. En évitant l'automatisation

Réponse : C. En créant des messages ciblés et personnalisés

VII. Marketing d'affiliation

A. Présentation du marketing d'affiliation

Le marketing d'affiliation est un type de marketing basé sur les performances dans lequel une entreprise récompense les affiliés pour chaque client généré par les efforts marketing de l'affilié. Les dépenses des affiliés dépasseront 15 milliards de dollars d'ici 2028 (source statistique : https://www.emarketer.com/content/5-charts-affiliate-marketing). Dans le marketing d'affiliation, les affiliés font la promotion des produits ou services de l'entreprise auprès de leur propre public et gagnent une commission sur les ventes qui en résultent. Voici un aperçu du marketing d'affiliation :

1. Les entreprises s'associent à des affiliés : les entreprises s'associent à des affiliés, tels que des blogueurs, des influenceurs et d'autres sites Web, pour promouvoir leurs produits ou services.

2. Les affiliés font la promotion des produits ou services de l'entreprise : les affiliés font la promotion des produits ou services de l'entreprise auprès de leur propre public via un lien ou un code d'affiliation unique.

3. Les clients effectuent un achat via le lien d'affiliation : Les clients effectuent un achat via le lien ou le code d'affiliation, permettant à l'entreprise de suivre la vente jusqu'à l'affilié.

4. Les affiliés gagnent une commission : Les affiliés gagnent une commission sur la vente, qui correspond à un pourcentage du prix de vente fixé par l'entreprise.

5. Les entreprises bénéficient d'une augmentation des ventes et de la visibilité de la marque : en s'associant à des affiliés, les entreprises bénéficient d'une augmentation des ventes et de la visibilité de la marque auprès de nouveaux publics.

Le marketing d'affiliation est un moyen rentable pour les entreprises d'atteindre de nouveaux publics et de stimuler les ventes. Il offre également aux affiliés un moyen de monétiser leurs propres sites Web et leur public en faisant la promotion de produits auxquels ils croient. Exemples de sites Web de marketing d'affiliation : https://www.shareasale.com/ , https://impact.com/ , https://www.cj.com/ , https://affiliate-program.amazon.com/

B. Mise en place d'un programme d'affiliation

La mise en place d'un programme d'affiliation peut être un excellent moyen pour les entreprises de stimuler leurs ventes et d'atteindre de nouveaux publics. Il existe plusieurs plateformes permettant aux entreprises de mettre en place un programme d'affiliation, notamment ShareASale , Awin , PartnerStack , Amazon Associates et CJ Affiliate.

1. ShareASale : ShareASale est une plateforme de marketing d'affiliation populaire qui permet aux entreprises de gérer leur programme d'affiliation et de suivre les ventes et les commissions. Elle propose une gamme d'outils et de ressources permettant aux entreprises et aux affiliés de réussir dans le marketing d'affiliation. https://www.shareasale.com

2. Awin : Awin est un réseau mondial d'affiliation qui offre aux entreprises l'accès à un réseau d'affiliés et à des outils pour gérer leur programme d'affiliation. Il propose une gamme d'outils de reporting et de suivi pour aider les entreprises à mesurer le succès de leur marketing d'affiliation. https://www.awin.com

3. PartnerStack : PartnerStack est une plateforme de marketing d'affiliation B2B qui permet aux entreprises de gérer leur programme d'affiliation et de suivre les

ventes et les commissions. Elle propose une gamme d'outils et de ressources pour aider les entreprises et les affiliés à réussir dans le marketing d'affiliation.

https://partnerstack.com/

4. Amazon Associates : Amazon Associates est le programme d'affiliation d'Amazon qui permet aux affiliés de gagner une commission en faisant la promotion des produits Amazon. Il propose une gamme d'outils et de ressources permettant aux affiliés de réussir dans le marketing d'affiliation, notamment des liens vers des produits et des bannières. https://affiliate-program.amazon.com/

5. CJ Affiliate : CJ Affiliate est un réseau mondial de marketing d'affiliation qui offre aux entreprises l'accès à un réseau d'affiliés et à des outils pour gérer leur programme d'affiliation. Il propose une gamme d'outils de reporting et de suivi pour aider les

entreprises à mesurer le succès de leur
marketing d'affiliation. https://www.cj.com/

Lors de la mise en place d'un programme
d'affiliation, il est important de choisir une
plateforme adaptée aux besoins et aux objectifs de
votre entreprise. Tenez compte de facteurs tels que
la taille de votre réseau d'affiliation, les types de
produits ou de services que vous proposez et le
niveau de soutien et de ressources dont vous avez
besoin pour réussir dans le marketing d'affiliation.

C. Recrutement et gestion des affiliés

Le recrutement et la gestion des affiliés constituent
un aspect important d'un programme de marketing
d'affiliation réussi. Voici quelques conseils pour
recruter et gérer des affiliés :

1. Élaborez des directives claires : Élaborez
   des directives claires pour les affiliés,

notamment en ce qui concerne la structure des commissions, les offres de produits et les supports marketing. Cela permettra aux affiliés de comprendre ce que l'on attend d'eux et comment ils peuvent réussir à promouvoir vos produits ou services.

2. Proposez des supports marketing : proposez à vos affiliés des supports marketing, tels que des descriptions de produits, des images et des liens. Cela les aidera à promouvoir efficacement vos produits et à augmenter leurs ventes.

3. Proposez une structure de commission : proposez une structure de commission qui incite les affiliés à promouvoir vos produits ou services. Envisagez de proposer une commission plus élevée aux affiliés les plus performants ou pour certains produits ou services.

4. Surveillez et suivez les performances : surveillez et suivez régulièrement les

performances des affiliés. Cela vous aidera à identifier les affiliés les plus performants et à cibler les domaines à améliorer.

5. Proposer une assistance : proposez une assistance aux affiliés, par exemple en répondant à leurs questions et en leur fournissant des conseils marketing. Cela contribuera à établir une relation positive avec vos affiliés et les encouragera à continuer de promouvoir vos produits ou services.

6. Communiquez régulièrement : Communiquez régulièrement avec vos affiliés, par e-mail ou via un réseau d'affiliation privé. Cela vous aidera à établir une relation solide et à vous assurer qu'ils sont informés des nouveaux produits, des promotions et des structures de commissions.

La gestion d'un programme d'affiliation nécessite des efforts continus, mais en recrutant les bons affiliés, en leur fournissant les ressources dont ils ont besoin pour réussir et en surveillant leurs performances, vous pouvez maximiser le succès de votre marketing d'affiliation. Si vous voulez devenir un spécialiste du marketing d'affiliation, voici quelques personnes qui ont gagné des millions. Pat Flynn, auteur, entrepreneur, conférencier et blogueur.

https://www.forbes.com/sites/laurashin/2014/09/12/how-pat-flynn-made-his-first-3-million-in-passive-income/?sh=36ec6f3843d3 . Matt Diggity a fondé et possède plusieurs sociétés qui opèrent dans les secteurs du marketing d'affiliation et du référencement. https://www.starterstory.com/matt-diggity-net-worth . Nate O'Brien propose une éducation et des informations gratuites sur les finances personnelles, la productivité, le style de vie et la création de richesse. En 2020, il a été nommé l'une des neuf meilleures chaînes YouTube

de finances personnelles du millénaire par Forbes.
https://www.forbes.com/sites/jrose/2020/02/18/top-
9-millennial-youtube-channels/?sh=36a1e90a3406

D. Mesurer le succès du marketing d'affiliation

Il est essentiel de mesurer le succès de votre
programme de marketing d'affiliation pour
déterminer son efficacité et prendre des décisions
éclairées pour les campagnes futures. Voici
quelques indicateurs clés à suivre pour mesurer le
succès du marketing d'affiliation :

1. Ventes : suivez le nombre de ventes
   générées par les affiliés pour déterminer leur
   efficacité globale.
2. Commission : suivez la commission totale
   gagnée par les affiliés pour déterminer leur
   potentiel de gain et le succès de votre
   structure de commission.

3. Taux de conversion : suivez le taux de conversion des visiteurs qui cliquent sur les liens d'affiliation pour déterminer l'efficacité des affiliés individuels et de leurs efforts marketing.

4. Valeur moyenne des commandes : suivez la valeur moyenne des commandes des ventes générées par les affiliés pour déterminer la valeur qu'ils apportent à votre entreprise.

5. Retour sur investissement (ROI) : Calculez le retour sur investissement de votre programme de marketing d'affiliation en divisant le revenu total généré par le coût total du programme.

6. Engagement des affiliés : suivez l'engagement des affiliés, comme le nombre de clics sur les liens d'affiliation, pour déterminer leur niveau d'implication et d'intérêt pour votre programme.

7. Coût d'acquisition client : suivez le coût d'acquisition de nouveaux clients via le

marketing d'affiliation pour déterminer sa rentabilité par rapport à d'autres canaux marketing.

En suivant régulièrement ces indicateurs, vous pouvez mesurer le succès de votre programme de marketing d'affiliation et prendre des décisions éclairées pour l'améliorer. eBay, The Home Depot, Amazon et d'autres sociétés de commerce électronique bien connues ont des programmes d'affiliation. Par exemple, Uber, au début, Uber avait un programme d'incitation à double face, les deux parties obtenant un crédit de 10 $ lorsque de nouveaux utilisateurs s'inscrivaient. Uber a son siège social à San Francisco et opère dans environ 70 pays et 10 500 villes à travers le monde. L'entreprise compte plus de 131 millions d'utilisateurs actifs par mois et 6 millions de chauffeurs et coursiers actifs dans le monde entier et facilite en moyenne 25 millions de trajets par jour. On peut donc dire sans se tromper que le programme d'affiliation d'Uber a fait quelque chose de bien.

Questions du quiz sur le marketing d'affiliation

1. Qu'est-ce qui définit le marketing d'affiliation ?
A. Une stratégie marketing reposant uniquement sur les influenceurs des réseaux sociaux
B. Un type de marketing dans lequel les affiliés sont récompensés pour l'acquisition de clients grâce à leurs propres efforts de marketing
C. Une méthode de marketing qui exclut les blogueurs et les influenceurs
D. Une méthode limitée aux ventes en magasin physique

Réponse : B. Un type de marketing dans lequel les affiliés sont récompensés pour l'acquisition de clients grâce à leurs propres efforts de marketing.

2. Comment le marketing d'affiliation profite-t-il aux entreprises ?

A. En limitant l'exposition de la marque

B. En réduisant les opportunités de vente

C. En s'associant à des affiliés pour augmenter les ventes et la visibilité de la marque

D. En se déconnectant des clients potentiels

Réponse : C. En s'associant à des affiliés pour augmenter les ventes et la visibilité de la marque

3. Quelle plateforme n'est généralement PAS utilisée pour mettre en place un programme d'affiliation ?

A. PartagerASale

B. Annonces Google

C. CJ Affilié

D. Amazon Associates

Réponse : B. Google Ads

4. Que doivent prendre en compte les entreprises lors de la mise en place d'un programme d'affiliation ?

A. Taille de leur réseau d'affiliation

B. L'absence de supports marketing pour les affiliés

C. Ignorer les objectifs et les besoins de l'entreprise

D. Hors suivi des performances des affiliés

Réponse : A. Taille de leur réseau d'affiliation

5. Quel est l'aspect crucial de la gestion des affiliés dans un programme de marketing d'affiliation ?

A. Offrir un soutien et des conseils minimaux

B. Se concentrer uniquement sur la structure des commissions

C. Communiquer régulièrement et fournir des ressources marketing

D. Éviter toute forme d'interaction

Réponse : C. Communiquer régulièrement et fournir des ressources marketing

6. Quelles mesures sont utilisées pour mesurer le succès du marketing d'affiliation ?

A. Uniquement les ventes et le taux de conversion

B. Uniquement les commissions et les coûts d'acquisition client

C. Ventes, taux de conversion, commission, valeur moyenne des commandes, retour sur investissement, engagement des affiliés et coût d'acquisition client

D. Ventes, commissions et engagement des affiliés

Réponse : C. Ventes, taux de conversion, commission, valeur moyenne des commandes, retour sur investissement, engagement des affiliés et coût d'acquisition client

7. Qu'indique un taux de conversion élevé dans le marketing d'affiliation ?

A. Efficacité moindre des filiales individuelles

B. Efficacité accrue des filiales individuelles

C. Désintérêt des affiliés pour le programme

D. Absence de structure de commission

Réponse : B. Efficacité accrue des filiales individuelles

8. Quel rôle jouent les plateformes comme ShareASale et Awin dans le marketing d'affiliation ?

A. Ils ne fournissent aucun outil ni aucune ressource aux entreprises et aux affiliés

B. Ils proposent des outils pour gérer les programmes d'affiliation et suivre les ventes et les commissions

C. Ils se concentrent uniquement sur le marketing des médias sociaux

D. Ils restreignent l'accès aux affiliés

Réponse : B. Ils proposent des outils pour gérer les programmes d'affiliation et suivre les ventes et les commissions

9. Que permet de déterminer le retour sur investissement du marketing d'affiliation ?

A. Le nombre total d'affiliés

B. L'efficacité du marketing d'affiliation par rapport aux autres canaux

C. Le coût d'acquisition de nouveaux clients

D. L'inutilité du marketing d'affiliation

Réponse : B. L'efficacité du marketing d'affiliation par rapport aux autres canaux

10. Quel est l'objectif commun de l'offre de directives claires et de supports marketing aux affiliés ?

A. Pour décourager les affiliés de participer

B. Pour limiter leur succès

C. Soutenir et guider les affiliés pour des promotions réussies

D. Créer de la confusion parmi les affiliés

Réponse : C. Pour soutenir et guider les affiliés pour des promotions réussies

VIII. Marketing mobile

A. Présentation du marketing mobile

Le marketing mobile désigne la pratique consistant à promouvoir et à faire connaître des produits ou des services par le biais d'appareils mobiles, tels que les smartphones et les tablettes. Avec la croissance rapide de l'utilisation des appareils mobiles, le marketing mobile est devenu un élément crucial d'une stratégie globale de marketing numérique. Regardons de plus près : les dépenses publicitaires mobiles aux États-Unis dépasseront les 228 milliards de dollars en 2025. La grande majorité des dépenses publicitaires mobiles seront consacrées aux applications. Les applications atteindront une part dominante de 82,3 % des dépenses publicitaires mobiles en 2025. (Source des statistiques : https://www.emarketer.com/content/mobile-advertising-2024)

L'objectif principal du marketing mobile est donc d'atteindre les publics cibles là où ils passent le plus clair de leur temps, c'est-à-dire sur leurs appareils mobiles. Cet objectif peut être atteint par le biais de divers canaux, notamment :

1. Applications mobiles : développer et promouvoir une application mobile qui présente vos produits ou services.
2. Marketing SMS/MMS : Envoi de messages texte ou multimédia à des clients ou des clients potentiels.
3. Sites Web mobiles : Optimisez votre site Web pour les appareils mobiles afin d'offrir une expérience utilisateur fluide et pratique.
4. Marketing basé sur la localisation : utilisation de la technologie GPS pour cibler les clients en fonction de leur localisation et diffuser des messages personnalisés et pertinents.
5. Codes QR : codage d'un code QR avec une URL que les clients peuvent scanner pour

accéder à des promotions, des informations sur les produits ou d'autres ressources.

Le marketing mobile offre plusieurs avantages par rapport au marketing traditionnel, tels qu'un ciblage et une personnalisation accrus, un engagement en temps réel et des taux de conversion plus élevés. Pour atteindre efficacement les publics cibles et atteindre les objectifs marketing, il est important de comprendre le comportement et les préférences des utilisateurs mobiles et de proposer un contenu attrayant et pertinent via les bons canaux.

B. Créer une stratégie de marketing mobile

Adsterra , « la publicité mobile est rapidement devenue l'un des outils marketing les plus puissants dont disposent aujourd'hui les entreprises » dans leur Top Mobile Advertising Trends to Watch (Source : https://adsterra.com/blog/mobile-advertising-trends/

). Une stratégie de marketing mobile réussie nécessite une planification et une exécution minutieuses. Voici quelques étapes pour vous aider à créer une stratégie de marketing mobile efficace :

1. Définissez vos objectifs et votre public cible : définissez clairement ce que vous espérez atteindre grâce à vos efforts de marketing mobile et qui est votre public cible. Tenez compte de leurs besoins, de leurs intérêts et de leurs comportements lorsqu'ils utilisent des appareils mobiles.

2. Réalisez une étude de marché : effectuez une étude de marché pour recueillir des informations sur l'état actuel du marché mobile et le comportement de votre public cible. Cela peut vous aider à identifier de nouvelles opportunités et à éviter les pièges potentiels.

3. Choisissez les bons canaux : en fonction de vos objectifs et de votre public cible,

choisissez les bons canaux pour les atteindre. Il peut s'agir d'applications mobiles, de marketing par SMS/MMS, de sites Web mobiles, de marketing basé sur la localisation et de codes QR.

4. Créez du contenu attrayant : développez du contenu qui trouve un écho auprès de votre public cible et qui lui apporte de la valeur. Assurez-vous que le contenu est optimisé pour les appareils mobiles et qu'il est facile à consulter et à utiliser.

5. Optimisez pour les moteurs de recherche : optimisez votre contenu mobile pour les moteurs de recherche, tels que Google, afin d'améliorer votre visibilité et d'attirer des clients potentiels. Avec PageSpeed Insights, vous pouvez obtenir votre score PageSpeed et utiliser les suggestions PageSpeed pour accélérer votre site Web via l'outil en ligne. Ils disposent également d'un rapport différent pour diagnostiquer les problèmes

de performances pour les appareils mobiles et les ordinateurs de bureau https://pagespeed.web.dev/

6. Personnalisez votre approche : personnalisez votre approche en utilisant les données client pour transmettre des messages ciblés et pertinents à chaque client. Cela peut améliorer l'efficacité de vos efforts marketing et augmenter l'engagement.

7. Testez et mesurez les résultats : Testez et mesurez régulièrement les résultats de vos efforts de marketing mobile pour déterminer leur efficacité et identifier les domaines à améliorer.

C. Publicité mobile

La publicité mobile fait référence à la pratique consistant à promouvoir et à faire la publicité de produits ou de services via des appareils mobiles, tels que les smartphones et les tablettes. Ce type

de publicité est conçu pour atteindre les publics cibles là où ils passent le plus clair de leur temps, c'est-à-dire sur leurs appareils mobiles. Parmi les marques qui réussissent bien dans la publicité mobile, on trouve Domino's Pizza, dont plus de 91 % des ventes proviennent des canaux numériques. https://www.dominos.com . Starbucks a lancé son application mobile il y a des années et, à un moment donné, c'était l' application de paiement la plus réussie du marché.
https://www.starbucks.com/

Il existe plusieurs canaux de publicité mobile, notamment :

1. Publicité sur application mobile : placement de publicités dans des applications mobiles, telles que des bannières publicitaires, des publicités interstitielles et des publicités natives.
2. Publicité de recherche mobile : placement d'annonces sur les moteurs de recherche

mobiles, tels que Google, lorsque les utilisateurs recherchent des mots clés liés à vos produits ou services.

3. Publicité vidéo mobile : diffusion de publicités vidéo sur des appareils mobiles via des plateformes telles que YouTube et les réseaux sociaux.

4. Publicité intégrée à l'application : placement de publicités dans d'autres applications, telles que des applications de jeu, des applications de réseaux sociaux et des applications d'actualités.

5. Publicité basée sur la localisation : diffusion de publicités ciblées et personnalisées aux clients en fonction de leur localisation.

La publicité mobile offre plusieurs avantages, notamment une portée, un ciblage et une personnalisation accrus. Pour atteindre efficacement les publics cibles et atteindre les objectifs marketing, il est important de choisir les bons canaux, de développer des publicités convaincantes et pertinentes et d'utiliser les données pour optimiser et améliorer en permanence vos efforts de publicité mobile.

Pour mesurer le succès de vos efforts de publicité mobile, il est important de suivre des indicateurs clés tels que les impressions, les taux de clics, les taux de conversion et l'engagement client. En suivant et en analysant régulièrement ces indicateurs, vous pouvez déterminer l'efficacité de votre publicité mobile et prendre des décisions basées sur des données pour améliorer vos résultats.

D. Contenu adapté aux appareils mobiles

Le contenu adapté aux appareils mobiles désigne le contenu optimisé pour être affiché sur des appareils mobiles, tels que les smartphones et les tablettes. Il s'agit notamment de contenu facilement accessible et lisible sur les appareils mobiles, avec un temps de chargement rapide et une interface conviviale.

La création de contenu adapté aux appareils mobiles implique plusieurs facteurs clés, notamment :

1. Conception réactive : création d'un site Web réactif qui s'adapte à la taille de l'écran de l'utilisateur, quel que soit l'appareil qu'il utilise.
2. Navigation facile : création d'une structure de navigation facile à utiliser et intuitive, avec des liens et des titres clairs.
3. Images et vidéos optimisées : Optimisation des images et des vidéos pour qu'elles se chargent rapidement sur les appareils mobiles, avec une taille et un format appropriés pour les écrans mobiles.
4. Contenu court et concis : Rédiger un contenu court et concis, facile à lire et à

comprendre sur un petit écran, avec des titres et des puces clairs.

5. Vitesse de chargement rapide : garantir que le site Web se charge rapidement sur les appareils mobiles, en mettant l'accent sur l'optimisation des images, des vidéos et du code.

Dans le paysage dynamique du marketing numérique, la création d'un site Web adapté aux appareils mobiles est devenue primordiale pour réussir. Il ne s'agit pas seulement de s'assurer que vos pages s'adaptent correctement aux appareils mobiles ; il s'agit également de créer du contenu qui s'adapte parfaitement à l'expérience mobile.

Pour les spécialistes du marketing, la recherche de la convivialité mobile doit être considérée comme une démarche globale . L'accent doit être mis sur la création d'une expérience globale qui trouve un écho auprès des clients lorsqu'ils visitent votre site Web. Sachez que la manière dont les utilisateurs interagissent avec le contenu sur un ordinateur de bureau et sur un appareil mobile diffère considérablement. Les utilisateurs mobiles ont une capacité d'attention limitée et préfèrent un accès immédiat aux informations pertinentes.

Lors de la création de contenu, la simplicité et la clarté doivent être vos principes directeurs, quelle que soit la plateforme. Incorporez des images et des vidéos pour diviser le texte et rendre votre contenu plus digeste. Il est primordial de garantir la lisibilité. Votre titre sert d'introduction initiale au contenu du lecteur et joue un rôle essentiel dans la façon dont votre page Web apparaît dans les résultats de recherche.

L'adoption de contenus adaptés aux appareils mobiles améliore non seulement l'expérience utilisateur, mais facilite également l'interaction transparente avec votre marque sur les appareils mobiles. Ce changement peut conduire à un engagement accru, à une satisfaction client accrue et, en fin de compte, à des résultats supérieurs pour vos efforts marketing .

Pour évaluer l'efficacité de votre contenu adapté aux mobiles, il est impératif de suivre les indicateurs clés de performance (KPI) tels que le trafic sur le site Web, les taux de rebond, les taux de conversion et l'engagement client. Le suivi et l'analyse réguliers de ces indicateurs vous permettent d'évaluer l'impact de votre approche adaptée aux mobiles et d'effectuer des ajustements éclairés et basés sur les données pour des résultats optimaux.

Dans ce monde numérique en constante évolution, l'accent mis sur la compatibilité avec les appareils mobiles est plus crucial que jamais. Il ne s'agit pas seulement de la réactivité du site Web ; cela englobe l'expérience utilisateur dans son ensemble, en particulier sur les plateformes mobiles. Adapter votre contenu aux préférences et aux habitudes des utilisateurs mobiles est un impératif stratégique.

N'oubliez pas que la simplicité et la clarté doivent être les fondements de votre processus de création de contenu. Utilisez judicieusement les éléments multimédias pour améliorer la compréhension et assurez-vous que vos titres sont non seulement attrayants, mais également optimisés pour la visibilité dans les moteurs de recherche.

En adoptant un contenu adapté aux appareils mobiles, vous améliorez non seulement la satisfaction des utilisateurs, mais vous établissez également des liens plus forts avec votre public. Cela conduit à un engagement plus profond et à de meilleurs résultats pour vos efforts marketing .

Pour évaluer l'impact de votre contenu adapté aux appareils mobiles, il est essentiel de surveiller des indicateurs clés tels que le trafic sur le site Web, les taux de rebond, les taux de conversion et l'engagement client. Cette approche basée sur les données vous permet d'affiner votre stratégie de contenu pour une efficacité maximale.

Dans un paysage numérique dominé par les interactions mobiles, la priorité donnée au contenu adapté aux mobiles est la clé du succès. Cela va au-delà de la simple adaptabilité du site Web, englobant l'intégralité de l'expérience utilisateur. En adaptant votre contenu aux préférences des utilisateurs mobiles, vous garantissez non seulement l'accessibilité, mais vous amplifiez également l'engagement et générez des résultats dans le domaine du marketing numérique. Restez à l'écoute des indicateurs qui comptent et laissez les données vous guider vers l'excellence du marketing mobile.

E. Mesurer le succès du marketing mobile

Mesurer le succès de vos efforts de marketing mobile est une étape importante pour évaluer l'efficacité de vos stratégies et prendre des décisions éclairées sur la manière d'améliorer vos résultats. Il existe plusieurs indicateurs clés à suivre pour mesurer le succès de votre marketing mobile, notamment :

1. Trafic mobile : suivez le nombre de visiteurs sur votre site Web à partir d'appareils mobiles pour comprendre dans quelle mesure votre marketing mobile génère du trafic vers votre site.

2. Taux de conversion : mesurez le pourcentage de visiteurs mobiles qui effectuent une action spécifique, comme effectuer un achat ou remplir un formulaire, pour évaluer le succès de votre marketing mobile en termes de conversions.

3. Engagement mobile : suivez des indicateurs tels que le temps passé sur le site, les pages vues et le taux de rebond pour comprendre dans quelle mesure vos visiteurs mobiles sont engagés avec votre contenu et dans quelle mesure votre marketing mobile retient leur attention.

4. Installations et utilisation de l'application : si vous disposez d'une application mobile, suivez le nombre d'installations et d'utilisations de l'application pour comprendre la popularité de votre application et l'impact de vos efforts de marketing mobile sur l'adoption de l'application.

5. Commentaires des clients : recueillez les commentaires de vos clients mobiles via des enquêtes, des groupes de discussion et des réseaux sociaux pour comprendre leur expérience avec votre marketing mobile et identifier les domaines à améliorer.

Dans le domaine du marketing numérique, le suivi et l'analyse des indicateurs clés sont primordiaux. Ils fournissent des informations précieuses sur l'efficacité de vos efforts de marketing mobile , vous permettant de prendre des décisions éclairées pour de meilleurs résultats. De plus, cette surveillance constante dévoile les tendances et les modèles de vos performances en matière de marketing mobile, vous permettant d'optimiser vos campagnes et d'obtenir des résultats supérieurs.

Pour ceux qui se concentrent sur Google Play, le suivi des conversions d'applications est essentiel. Utilisez les données de conversion de Google Play pour évaluer l'efficacité avec laquelle votre compte Google Ads génère des installations d'applications Android à partir de votre compte de développeur Google Play, ainsi que l'activité dans l'application.

Pour les installations d'applications iOS via Google Ads, l'intégration de Firebase est la clé. Associez vos comptes Firebase et Google Ads après avoir enregistré votre application dans Firebase avec le même compte associé à votre compte Google Ads. Ajoutez les installations en tant qu'événement dans Firebase, marquez-les comme une conversion et enfin, synchronisez vos comptes Firebase et Google Ads pour importer l'événement d'installation dans Google Ads.

Entrez dans le monde d'App Analytics dans App Store Connect pour obtenir des informations approfondies sur l'acquisition, l'utilisation et la monétisation des applications par les utilisateurs. Cette plateforme vous permet de générer des liens de campagne à utiliser dans vos supports marketing. Lorsqu'un utilisateur interagit avec une publicité comportant le lien de votre campagne, il est redirigé vers la page produit de votre application sur l'App Store. Copiez simplement le lien de campagne pour l'intégrer dans vos supports marketing, comme suit :

https://apps.apple.com/app/apple-store/id123456789?pt=123456&ct=test1234&mt=8

.

Adoptez ces techniques de suivi pour exploiter tout le potentiel de vos efforts de marketing mobile. Grâce à des décisions fondées sur des données, vous améliorerez vos campagnes et obtiendrez des résultats exceptionnels dans un paysage numérique en constante évolution.

Questions du quiz sur le marketing mobile

1. En quoi consiste principalement le marketing mobile ?
A. Marketing limité uniquement aux ordinateurs de bureau
B. Promotion de produits ou de services via des appareils mobiles

C. Cibler exclusivement les technologies GPS

D. Utiliser les méthodes publicitaires traditionnelles

Réponse : B. Promouvoir des produits ou des services via des appareils mobiles

2. Quelle est la caractéristique d'une stratégie de marketing mobile efficace ?

A. Ignorer les études de marché et le comportement des clients

B. Cibler un large public sans objectifs spécifiques

C. Fournir un contenu optimisé pour les appareils mobiles et des approches personnalisées

D. Utiliser des canaux non liés pour atteindre le public cible

Réponse : C. Fournir un contenu optimisé pour les appareils mobiles et des approches personnalisées

3. Quel aspect ne fait PAS partie de la création de contenu adapté aux mobiles ?

A. Conception réactive pour différentes tailles d'écran

B. Structures de navigation complexes

C. Images et vidéos optimisées pour un chargement rapide

D. Contenu court et concis avec des titres clairs

Réponse : B. Structures de navigation complexes

4. Comment la publicité mobile peut-elle profiter aux entreprises ?

A. En limitant la portée et la personnalisation

B. En réduisant l'engagement client

C. En augmentant la portée, le ciblage et la personnalisation

D. En évitant le marketing basé sur la localisation

Réponse : C. En augmentant la portée, le ciblage et la personnalisation

5. Quelle mesure permet de comprendre dans quelle mesure le marketing mobile génère du trafic vers un site Web ?

A. Taux de conversion

B. Trafic mobile

C. Engagement mobile

D. Commentaires des clients

Réponse : B. Trafic mobile

6. Qu'est-ce qui est crucial pour mesurer le succès du marketing mobile concernant les applications mobiles ?

A. Utilisation des données de conversion de Google Play et de l'intégration de Firebase

B. Ignorer les indicateurs de performance de l'application

C. Éviter l'analyse des applications dans App Store Connect

D. S'appuyer uniquement sur les installations d'applications

Réponse : A. Utilisation des données de conversion de Google Play et de l'intégration de Firebase

7. Quel est l'élément clé de la publicité mobile ?
A. Ignorer la publicité sur les applications mobiles et la publicité vidéo
B. Utilisation des codes QR à des fins publicitaires
C. Utiliser la publicité basée sur la localisation sans ciblage client
D. Placer des publicités dans les applications mobiles et utiliser la publicité sur les moteurs de recherche mobiles

Réponse : D. Placer des publicités dans les applications mobiles et utiliser la publicité sur les moteurs de recherche mobiles

8. Qu'est-ce qui définit un contenu adapté aux mobiles ?

A. Contenu complexe et difficile à lire sur les appareils mobiles

B. Contenu conçu exclusivement pour les ordinateurs de bureau

C. Contenu optimisé pour les appareils mobiles et offrant une expérience conviviale

D. Contenu long et élaboré

Réponse : C. Contenu optimisé pour les appareils mobiles et offrant une expérience conviviale

9. Comment les entreprises peuvent-elles améliorer le marketing mobile ?

A. En négligeant les retours clients et les études de marché

B. Grâce à un contenu personnalisé et à des tests réguliers

C. En évitant les bons canaux pour les publics cibles

D. S'appuyer uniquement sur des méthodes de marketing traditionnelles

Réponse : B. Grâce à un contenu personnalisé et à des tests réguliers

10. Quelle mesure permet d'évaluer l'engagement des utilisateurs sur les appareils mobiles ?
A. Taux de conversion
B. Installations et utilisation des applications
C. Trafic mobile
D. Impressions

Réponse : B. Installations et utilisation des applications

IX. Analyse Web

A. Présentation de l'analyse Web

L'analyse Web est le processus de collecte, de mesure et d'analyse des données sur le trafic d'un site Web et le comportement des utilisateurs afin d'obtenir des informations sur les performances d'un site Web et ses efforts marketing. L'objectif de l'analyse Web est d'améliorer l'expérience utilisateur, d'augmenter les taux d'engagement et de conversion et d'optimiser les campagnes marketing pour générer de meilleurs résultats commerciaux.

L'analyse Web fournit des données précieuses sur les visiteurs d'un site Web, telles que leur emplacement, leurs données démographiques et leurs comportements , ainsi que des données sur le site Web lui-même, telles que ses pages, son contenu et ses sources de trafic. Ces données peuvent être utilisées pour identifier les tendances, optimiser la conception et le contenu du site Web et améliorer l'expérience utilisateur.

Les outils d'analyse Web courants incluent Google Analytics https://analytics.google.com , Adobe Analytics https://business.adobe.com/products/analytics/adobe-analytics.html , Piwik https://piwik.pro/ et Omniture https://my.omniture.com , entre autres. Ces outils permettent aux spécialistes du marketing de suivre et d'analyser une variété de mesures, telles que les pages vues, les visiteurs uniques, le taux de rebond, le taux de conversion, etc.

L'analyse Web peut être utilisée de diverses manières, notamment pour suivre le succès des campagnes marketing, optimiser la conception et le contenu du site Web, identifier et résoudre les problèmes des utilisateurs et améliorer l'expérience globale de l'utilisateur. En comprenant les données fournies par l'analyse Web, les spécialistes du marketing peuvent prendre des décisions éclairées sur la manière d'améliorer leur site Web et leurs efforts marketing pour générer de meilleurs résultats commerciaux. Si vous souhaitez diffuser des publicités (par exemple, display, vidéo, natives) sur un site pour monétiser l'inventaire, les réseaux publicitaires demanderont parfois aux éditeurs que leurs données statistiques soient disponibles sur similarweb.com afin que les statistiques de votre site Web soient visibles publiquement et cela signifiera devoir autoriser similarweb https://www.similarweb.com/ pour accéder à vos données dans Google Analytics. Notez que vous avez besoin d'au moins 2 mois de données avant de pouvoir importer les données du site Web.

B. Configuration de Web Analytics

Commençons par la plateforme la plus populaire, Google Analytics. La configuration de Google Analytics est une étape cruciale pour mesurer le succès de votre site Web et de vos efforts de marketing numérique. Voici les étapes à suivre pour configurer Google Analytics :

1. Créer un compte Google : si vous n'avez pas encore de compte Google, vous devrez en créer un.
2. Inscrivez-vous à Google Analytics : Accédez au site Web de Google Analytics et créez un compte gratuit.
3. Ajouter une propriété : pour configurer Google Analytics pour votre site Web, vous devez ajouter une propriété. Une propriété est essentiellement une représentation de votre site Web dans Google Analytics.
4. Ajoutez le code de suivi : une fois que vous avez ajouté une propriété, vous recevrez un code de suivi unique que vous devrez ajouter au code de votre site Web. Ce code doit être ajouté à chaque page de votre site Web pour suivre avec précision le comportement des utilisateurs .

5. Vérifier l'installation : après avoir ajouté le code de suivi à votre site Web, vous pouvez vérifier l'installation dans votre compte Google Analytics pour vous assurer que tout est correctement configuré.

6. Configurez vos paramètres : une fois que vous avez vérifié votre installation, vous pouvez configurer vos paramètres Google Analytics pour répondre à vos besoins spécifiques, tels que la configuration d'événements et d'événements clés, la configuration de filtres et la personnalisation de vos vues de rapport.

7. Commencez à collecter des données : une fois votre compte Google Analytics configuré, il commencera à collecter des données sur le trafic de votre site Web et le comportement des utilisateurs . Vous pouvez consulter ces données dans votre compte Google Analytics et commencer à prendre des décisions éclairées sur la

manière d'améliorer votre site Web et vos efforts marketing.

Voyons maintenant comment configurer une conversion dans Google Analytics. Présentation : chaque fois qu'un internaute consulte une page de votre site Web, un événement page_view est envoyé à Google Analytics. L'événement mesure toutes les pages consultées. Vous ne pouvez donc pas marquer l'événement comme une conversion d'événement clé. Cela marquerait toutes les pages consultées comme des conversions. Au lieu de cela, vous devez créer un événement distinct basé sur l' événement page_view qui mesure le moment où un internaute consulte la page spécifique de votre site Web. Ce didacticiel décrit comment mesurer le moment où un internaute consulte une page de confirmation pour l'URL http://www.example.com/contact-us-submitted .

Pour configurer la conversion, vous devez créer un événement pour la page de confirmation. Pour enregistrer une conversion chaque fois qu'un internaute consulte une page de confirmation, créez d'abord un événement distinct à l'aide de l' événement page_view . Dans ce cas, vous utiliserez l' événement recommandé generate_lead . Vous devez utiliser l'événement recommandé autant que possible, au lieu d'événements personnalisés, pour tirer parti des nouvelles fonctionnalités d'Analytics dès qu'elles sont disponibles.

1. Dans Google Analytics, cliquez sur Admin.
2. Assurez-vous que vous êtes dans le bon compte et la bonne propriété.
3. Dans la colonne Propriété, cliquez sur Événements.
4. Cliquez sur Créer un événement, puis sur Créer. Si vous ne voyez pas le bouton Créer un événement, vous n'avez pas l'autorisation de créer des événements.

5. Dans le champ Nom de l'événement personnalisé, saisissez un nom pour l'événement. Dans cet exemple, saisissez « generate_lead ».

6. Dans la section Conditions de correspondance, saisissez la première condition de correspondance. Dans cet exemple, saisissez « event_name equals page_view ».

7. Cliquez sur Ajouter une condition.

8. Saisissez la deuxième condition de correspondance. Dans cet exemple, saisissez « page_location equals https://www.example.com/contact-us-submitted ».

9. Dans la section Configuration des paramètres, cliquez deux fois sur Ajouter une modification. Étant donné que vous utilisez un événement recommandé, vous devez définir chacun des paramètres requis. Dans le cas contraire, Google Analytics

traitera l'événement comme un événement personnalisé.

10. Dans la première ligne, entrez le paramètre « valeur » et la valeur « 100 » pour définir la valeur du lead dans cet exemple.

11. Dans la deuxième ligne, entrez le paramètre « devise » et la valeur « USD » dans cet exemple.

12. Cliquez sur Créer.

Marquez ensuite l' événement comme événement clé (vous pouvez importer des événements clés en tant que conversions dans Google Ads).

1. Dans Google Analytics, cliquez sur Admin.

2. Assurez-vous que vous êtes dans le bon compte et la bonne propriété.

3. Dans la colonne Propriété, cliquez sur Conversions.

4. Cliquez sur Nouvel événement de conversion.

5. Entrez le nom du nouvel événement, «
    generate_lead ».

Pour vérifier que l'événement de conversion
fonctionne, accédez à Rapports > Temps réel,
ouvrez votre site et assurez-vous que vous vous
voyez comme un visiteur. Si ce n'est pas le cas,
vous devrez peut-être désactiver la protection de
suivi de votre navigateur. Une fois que vous vous
voyez, ouvrez la page de confirmation sur votre site
Web dans un nouvel onglet ou une nouvelle fenêtre
de navigateur, puis consultez Temps réel >
Engagement > Événements > Conversions et
recherchez « generate_lead ». Si vous voyez
l'événement dans la carte, cela signifie qu'Analytics
traite l'événement comme une conversion.

L'API de données Google Analytics vous donne un
accès programmatique aux données de rapport de
Google Analytics 4 (GA4) et l'API de création de
rapports est la méthode programmatique la plus
avancée pour accéder aux données de rapport

dans Google Analytics. Vous pouvez l'utiliser pour créer des tableaux de bord personnalisés pour afficher les données Google Analytics, automatiser des tâches de création de rapports complexes pour gagner du temps ou intégrer vos données Google Analytics à d'autres applications professionnelles. En conclusion, la configuration de Google Analytics est une étape importante, non seulement pour examiner les visiteurs du site Web, mais surtout pour suivre les conversions et savoir quelle était la source, par exemple une campagne publicitaire, afin que vous puissiez prendre des décisions basées sur les données concernant les campagnes les plus performantes.

C. Comprendre le comportement des utilisateurs

Comprendre le comportement des utilisateurs est un aspect crucial de l'analyse Web et est essentiel pour améliorer les performances de votre site Web et vos efforts de marketing numérique. Voici les étapes à suivre pour comprendre le comportement des utilisateurs :

1. Identifier les indicateurs clés : la première étape pour comprendre le comportement des utilisateurs consiste à identifier les indicateurs clés que vous souhaitez suivre, tels que les pages vues, le taux de rebond, le temps passé sur le site et le taux de conversion. Ces indicateurs vous permettront de comprendre comment les utilisateurs interagissent avec votre site Web.

2. Analyser les données : une fois que vous avez identifié les indicateurs clés que vous souhaitez suivre, vous pouvez analyser les données dans votre outil d'analyse Web. Cela vous permettra de comprendre comment les utilisateurs interagissent avec votre site Web, quelles pages ils visitent et comment ils naviguent sur votre site.

3. Utiliser des segments : les segments constituent une fonctionnalité puissante d'analyse Web qui vous permet de regrouper les utilisateurs en fonction de caractéristiques spécifiques, telles que l'emplacement, l'appareil et la source du trafic. En utilisant des segments, vous pouvez obtenir une compréhension plus détaillée de la façon dont les différents types d'utilisateurs interagissent avec votre site.

4. Identifier les modèles : en analysant les données, vous pouvez commencer à identifier des modèles dans le comportement des utilisateurs , tels que les pages qui génèrent le plus de trafic, les pages qui ont des taux de rebond élevés et les pages qui génèrent des conversions.

5. Optimisez votre site Web : une fois que vous avez une compréhension approfondie du comportement des utilisateurs , vous pouvez utiliser ces informations pour optimiser votre

site Web. Par exemple, vous pouvez apporter des modifications pour améliorer l'expérience utilisateur, réduire les taux de rebond et augmenter les taux de conversion.

6. Surveillez en permanence : le comportement des utilisateurs évolue constamment. Il est donc important de surveiller en permanence les performances de votre site Web et d'y apporter les modifications nécessaires. Cela vous aidera à garder une longueur d'avance et à garantir que votre site Web est optimisé en fonction du comportement des utilisateurs.

Comprendre le comportement des utilisateurs est un aspect crucial de l'analyse Web et est essentiel pour améliorer les performances de votre site Web et vos efforts de marketing numérique. Améliorez l'engagement des utilisateurs grâce aux tests A/B dans le marketing numérique !

Si vous souhaitez affiner le comportement des utilisateurs grâce aux tests A/B, voici comment procéder : créez deux versions distinctes du contenu, chacune avec une seule variable modifiée. Ensuite, présentez ces versions à deux publics de taille égale et examinez leurs performances sur une période spécifique (en vous assurant qu'elle est suffisamment longue pour tirer des conclusions fiables).

Optimizely, une plateforme d'expérience numérique de pointe (DXP), permet aux équipes marketing de rationaliser et d'améliorer leurs initiatives numériques et leurs interactions avec les clients. Elle fournit des résultats en temps réel et des intégrations transparentes avec des plateformes telles que Salesforce, FullStory , Segment, Contentful CMS, etc., permettant des expériences basées sur les données. Améliorez vos stratégies de marketing numérique avec Optimizely :

https://www.optimizely.com/

D. Mesurer la conversion et le retour sur investissement

La mesure de la conversion et du retour sur investissement (ROI) sont des éléments essentiels de l'analyse Web, car ils vous aident à déterminer l'efficacité de vos efforts de marketing numérique. Dans le domaine du marketing numérique, l'objectif convoité est d'atteindre un retour sur investissement moyen de 5:1, une mesure signifiant un retour sur investissement de 5 $ pour chaque dollar investi dans une campagne. Cette référence est considérée comme légèrement supérieure à la moyenne dans le secteur. Elle quantifie la rentabilité dérivée des publicités et des listes de produits gratuits par rapport aux dépenses engagées. Pour calculer le retour sur investissement, déduisez les coûts totaux des revenus générés, puis divisez ce chiffre par les coûts totaux : ROI = (Revenu - Coût des marchandises vendues) / Coût des marchandises vendues. Le ROI, ou retour sur investissement, ainsi que les KPI, ou indicateurs clés de performance, servent de critères essentiels pour que les entreprises évaluent leur succès dans l'atteinte d'objectifs spécifiques. La méthode fondamentale pour déterminer le retour sur investissement d'une campagne marketing consiste à l'intégrer dans l'évaluation plus large du secteur d'activité. Cela implique de soustraire les dépenses de marketing de la croissance des ventes de l'entreprise ou de la gamme de produits concernée, puis de diviser par le coût de marketing. Cette approche globale permet d'obtenir une image claire de l'efficacité d'une campagne en termes de génération de bénéfices. Voici les étapes à suivre pour mesurer la conversion et le retour sur investissement :

1. Définissez des objectifs de conversion d'événements clés : la première étape pour

mesurer la conversion et le retour sur investissement consiste à définir des objectifs de conversion spécifiques et mesurables. Il peut s'agir d'effectuer un achat, de remplir un formulaire ou de télécharger un livre électronique.

2. Configurer le suivi des conversions : une fois que vous avez défini vos objectifs de conversion, vous devez configurer le suivi des conversions dans votre outil d'analyse Web, tel que Google Analytics. Cela vous permettra de suivre et de mesurer le nombre de conversions sur votre site Web.

3. Déterminer le coût d'acquisition : pour mesurer le retour sur investissement, vous devez déterminer le coût d'acquisition d'un nouveau client. Cela comprend le coût de toute publicité, comme les publicités au clic, ainsi que le coût de création et de promotion de votre site Web.

4. Calculer le taux de conversion : Le taux de conversion correspond au nombre de conversions divisé par le nombre de visiteurs sur votre site Web. Il s'agit d'une mesure importante à suivre, car elle vous donne une idée des performances de votre site Web en termes de conversions.

5. Calculer le retour sur investissement : pour calculer le retour sur investissement, vous devez soustraire le coût d'acquisition d'un nouveau client du chiffre d'affaires généré par ce client. Cela vous donnera une idée du retour sur investissement de vos efforts de marketing numérique.

6. Surveillez et ajustez en permanence : il est important de surveiller en permanence votre taux de conversion et votre retour sur investissement, ainsi que d'apporter des modifications pour les améliorer. Cela peut impliquer d'apporter des modifications à votre site Web, d'ajuster votre stratégie

publicitaire ou d'améliorer votre entonnoir de conversion.

Google Analytics vous permet de mesurer le retour sur investissement de vos publicités, ainsi que de suivre vos vidéos et vos sites et applications de réseaux sociaux. Pour importer les conversions de Google Analytics dans Google Ads, vous devez associer Analytics et Google Ads.

1. Dans Google Analytics, cliquez sur Admin.
2. Assurez-vous que vous êtes dans le bon compte et la bonne propriété.
3. Sous LIENS PRODUITS, cliquez sur Liens Google Ads.
4. Cliquez sur le lien.
5. Cliquez sur Choisir les comptes Google Ads, puis sélectionnez les comptes Google Ads que vous souhaitez associer. Si vous ne voyez pas le compte Google Ads que vous souhaitez associer, vous ne disposez peut-être pas des autorisations requises.

6. Cliquez sur Confirmer.

7. Cliquez sur Suivant.

8. L'option Activer la publicité personnalisée est activée par défaut.

9. Développez l'option Activer le balisage automatique pour activer le balisage automatique ou laisser vos paramètres de balisage automatique tels quels.

10. Si vous activez le marquage automatique lorsque vous vous connectez à un compte gestionnaire, le marquage automatique sera activé sur tous les comptes Google Ads directement liés au compte gestionnaire.

11. Cliquez sur Suivant, puis vérifiez vos paramètres.

12. Cliquez sur Soumettre pour lier vos comptes aux paramètres actuels.

Pour importer des conversions

1. Connectez-vous à votre compte Google Ads.

2. En haut à droite, cliquez sur Outils et paramètres Google Ads | outils.

3. Allez dans Mesures > Conversions.

4. En haut à gauche, cliquez sur + Nouvelle action de conversion.

5. Cliquez sur Importer, sélectionnez les propriétés Google Analytics 4, puis cliquez sur Continuer.

6. Sélectionnez chaque événement de conversion que vous souhaitez importer, puis cliquez sur Importer et continuer.

7. Cliquez sur Terminé.

La mesure de la conversion et du retour sur investissement sont des éléments essentiels de l'analyse Web, car ils vous aident à déterminer l'efficacité de vos efforts de marketing numérique, vous permettant de suivre et de mesurer avec précision le succès de vos campagnes de marketing numérique et de prendre des décisions sur la manière d'améliorer votre site Web et de générer de meilleurs résultats commerciaux.

Questions du quiz sur l'analyse Web

1. Quel est l'objectif principal de l'analyse Web ?
A. Se concentrer uniquement sur les chiffres du trafic du site Web
B. Analyser le comportement des utilisateurs pour le marketing sur les réseaux sociaux
C. Améliorer l'expérience utilisateur, augmenter l'engagement et optimiser les efforts marketing
D. Pour suivre uniquement les pages vues et les visiteurs uniques

Réponse : C. Pour améliorer l'expérience utilisateur, augmenter l'engagement et optimiser les efforts marketing

2. Lequel des outils suivants n'est PAS mentionné comme un outil d'analyse Web courant ?

A. Google Analytics

B. Omniture

C. Optimizely

D. Analyses WordPress

Réponse : D. Analyses WordPress

3. Comment Google Analytics peut-il aider à suivre les conversions pour une page spécifique d'un site Web ?

A. En marquant automatiquement toutes les pages vues comme des conversions

B. En configurant des événements distincts en fonction de l'événement de consultation de la page

C. En utilisant un processus en une seule étape sans aucune condition

D. En reliant le site Web aux plateformes de médias sociaux

Réponse : B. En configurant des événements distincts en fonction de l'événement de consultation de la page

4. Quelle est la formule pour calculer le retour sur investissement (ROI) dans le marketing numérique ?

A. Chiffre d'affaires - Coût des marchandises vendues / Coûts totaux

B. Coûts totaux - Chiffre d'affaires / Coût des marchandises vendues

C. Coût des marchandises vendues - Chiffre d'affaires / Coûts totaux

D. Chiffre d'affaires / Coût des marchandises vendues - Coûts totaux

Réponse : A. Revenus - Coût des marchandises vendues / Coûts totaux

5. Comment l'analyse Web peut-elle aider à optimiser les performances d'un site Web ?

A. En négligeant les modèles de comportement des utilisateurs

B. En surveillant en permanence le trafic du site Web uniquement

C. En analysant le comportement des utilisateurs , en identifiant les modèles et en apportant des modifications pour améliorer l'expérience utilisateur

D. En se concentrant uniquement sur les taux de conversion

Réponse : C. En analysant le comportement des utilisateurs , en identifiant les modèles et en apportant des modifications pour améliorer l'expérience utilisateur

6. Quelle étape ne fait PAS partie de la configuration de Google Analytics ?

A. Ajout d'une propriété pour représenter le site Web

B. Ajout d'un code de suivi unique à chaque page du site Web

C. Vérification de l'installation via des outils de vérification tiers

D. Configuration de paramètres spécifiques tels que les objectifs et les filtres

Réponse : C. Vérification de l'installation à l'aide d'outils de vérification tiers

7. Quel est le but de définir des objectifs de conversion dans l'analyse Web ?

A. Pour simplement collecter des données sur le trafic du site Web

B. Pour mettre en place des événements pour chaque visiteur du site Web

C. Pour suivre des actions spécifiques et mesurables telles que des achats ou des soumissions de formulaires

D. Pour mesurer uniquement les données démographiques des utilisateurs

Réponse : C. Pour suivre des actions spécifiques et mesurables telles que des achats ou des soumissions de formulaires

8. Quelle plateforme mentionnée aide à affiner le comportement des utilisateurs grâce aux tests A/B ?
A. Adobe Analytics
B. Piwik
C. Optimizely
D. Similarweb

Réponse : C. Optimizely

9. Comment Google Analytics permet-il d'importer des conversions dans Google Ads ?
A. En créant un lien vers le gestionnaire de publicités Facebook
B. En installant un plugin tiers
C. En intégrant X (anciennement Twitter)Ads

D. En reliant Analytics et Google Ads et en important les conversions

Réponse : D. En associant Analytics et Google Ads et en important les événements clés en tant que conversions

10. Quel rôle jouent les indicateurs clés dans la compréhension du comportement des utilisateurs grâce à l'analyse Web ?
A. Ils entravent une compréhension détaillée de l'interaction de l'utilisateur
B. Ils permettent de segmenter les utilisateurs sans identifier les comportements clés
C. Ils aident à identifier les modèles et les interactions, tels que les pages vues, les taux de rebond et les taux de conversion
D. Ils se concentrent uniquement sur la quantité de trafic du site Web

Réponse : C. Ils aident à identifier les modèles et les interactions, tels que les pages vues, les taux de rebond et les taux de conversion

IX. Utilisation de l'IA dans le marketing numérique

A. Présentation de l'IA dans le marketing numérique

L'intelligence artificielle (IA) a révolutionné le paysage du marketing numérique, devenant un outil indispensable pour les spécialistes du marketing cherchant à obtenir un avantage concurrentiel dans un monde numérique en constante évolution, alors rejoignez-nous et explorez l'impact transformateur de l'IA sur l'industrie du marketing.

L'IA est une branche de l'informatique qui permet aux machines de simuler l'intelligence humaine, d'apprendre à partir de données et de prendre des décisions basées sur ces données sans programmation explicite. Dans le contexte du marketing numérique, l'IA offre des capacités inégalées qui peuvent révolutionner divers aspects de la stratégie et de l'exécution du marketing.

L'un des principaux avantages de l'IA dans le marketing numérique est sa capacité à analyser de vastes quantités de données à une vitesse fulgurante. En traitant les données des clients, l'IA peut obtenir des informations approfondies sur le comportement , les préférences et les habitudes des consommateurs. Ces informations précieuses permettent aux spécialistes du marketing de créer des campagnes marketing hautement personnalisées et ciblées qui trouvent un écho auprès des clients individuels, améliorant ainsi l'engagement des clients et générant des conversions.

Les algorithmes basés sur l'IA jouent également un rôle crucial dans l'automatisation des tâches répétitives et la rationalisation des opérations marketing. De la publicité programmatique aux chatbots en passant par le marketing par e-mail et la création de contenu, l'IA peut gérer les processus de routine avec efficacité et précision, permettant aux spécialistes du marketing de se concentrer sur les aspects plus stratégiques et créatifs de leurs campagnes.

De plus, l'IA améliore l'expérience client grâce à des chatbots et des assistants virtuels qui fournissent une assistance en temps réel, répondent aux questions et facilitent les interactions avec les marques. Cela conduit à une amélioration de la satisfaction client et de la fidélité à la marque.

Dans le chapitre « Utilisation de l'IA dans le marketing numérique », nous nous penchons sur diverses applications de l'IA telles que l'analyse prédictive, les moteurs de recommandation, l'analyse des sentiments et le traitement du langage naturel. Ces technologies d'IA de pointe permettent aux spécialistes du marketing d'anticiper les besoins des clients, de proposer un contenu personnalisé et de mieux comprendre les sentiments et les commentaires des clients.

Cependant, même si l'IA offre un potentiel immense, il est essentiel pour les spécialistes du marketing de trouver un équilibre entre automatisation et contact humain. L'élément humain dans le marketing, comme la créativité, la compréhension émotionnelle et l'empathie, reste irremplaçable. Les stratégies de marketing numérique réussies exploitent l'IA comme un outil puissant pour augmenter les capacités humaines et offrir des expériences client exceptionnelles.

Tout au long de ce chapitre, nous explorons les façons innovantes dont l'IA remodèle le marketing numérique et permet aux spécialistes du marketing de garder une longueur d'avance dans un paysage dynamique et concurrentiel. En comprenant le rôle transformateur de l'IA, les lecteurs acquerront des connaissances précieuses sur la manière d'exploiter tout le potentiel des stratégies et tactiques basées sur l'IA pour atteindre l'efficacité du marketing numérique.

A. Mise en place de l'IA dans le marketing numérique

1. Comprendre l'IA dans le marketing numérique :

Avant de vous lancer dans la mise en œuvre, il est essentiel de bien comprendre le fonctionnement de l'IA dans le contexte du marketing numérique. Explorez les concepts d'apprentissage automatique, de traitement du langage naturel et d'analyse prédictive pour comprendre les principes fondamentaux des stratégies marketing basées sur l'IA.

2. Identifier les objectifs marketing :

Commencez par définir des objectifs marketing clairs que l'IA peut vous aider à atteindre. Qu'il s'agisse d'améliorer l'engagement client, d'augmenter les conversions ou d'améliorer la personnalisation, l'identification de vos objectifs vous guidera dans le choix des outils et techniques d'IA adaptés.

3. Choisissez les bons outils et plateformes d'IA :

Il existe une large gamme d'outils et de plateformes d'IA à disposition des spécialistes du marketing. Recherchez et comparez différentes solutions pour déterminer celles qui correspondent le mieux à vos objectifs marketing et à votre budget. Voici quelques ressources de premier ordre à explorer :

- IBM Watson : la plateforme d'IA d'IBM propose une gamme de solutions basées sur l'IA, notamment des chatbots, l'analyse des sentiments et l'optimisation du contenu. Visitez le site : https://www.ibm.com/watson

- Google AI : la plateforme d'IA de Google fournit des outils de pointe pour le traitement du langage naturel, la reconnaissance d'images et l'analyse prédictive. Découvrez : https://ai.google

- Salesforce Einstein : la plateforme CRM basée sur l'IA de Salesforce aide les spécialistes du marketing à proposer des expériences personnalisées et des informations prédictives. Pour en savoir plus : https://www.salesforce.com/products/einstein/

4. Collecte, intégration et développement des données :

L'IA se nourrit de données. Assurez-vous de disposer d'un système de collecte de données robuste pour recueillir des informations pertinentes sur les clients. Intégrez des données provenant de diverses sources, telles que les systèmes CRM, les réseaux sociaux, les analyses de sites Web et les interactions avec les clients, pour créer un ensemble de données complet pour l'analyse de l'IA. Vous pouvez demander, exécuter, modifier et déployer des applications Web complètes avec : https://bolt.new/ ou https://replit.com/

5. Mettre en œuvre la personnalisation pilotée par l'IA :

Utilisez l'IA pour offrir des expériences personnalisées à votre public cible. Les moteurs de recommandation basés sur l'IA peuvent suggérer des produits, du contenu ou des services pertinents en fonction des préférences individuelles, ce qui conduit à une augmentation de l'engagement et des conversions.

6. Adoptez les chatbots et les assistants virtuels :

Intégrez des chatbots et des assistants virtuels basés sur l'IA pour fournir une assistance en temps réel à vos clients. Ces outils conversationnels peuvent améliorer le service client, répondre aux questions et guider les utilisateurs tout au long du parcours d'achat.

- ChatGPT : idéal pour obtenir des réponses instantanées, trouver une inspiration créative, générer du contenu https://openai.com/

- Claude : excelle dans un large éventail de tâches, du dialogue sophistiqué et de la génération de contenu créatif à l'instruction détaillée https://www.anthropic.com

- Perplexity est un moteur de réponse gratuit basé sur l'IA qui fournit des réponses précises, fiables et en temps réel à toute question. https://www.perplexity.ai/

7. Surveiller et optimiser :

Surveillez régulièrement les performances de vos implémentations d'IA et analysez les données pour prendre des décisions basées sur les données. Optimisez en permanence vos modèles et stratégies d'IA pour améliorer l'efficacité.

Ressources en ligne supplémentaires :

- Blog IA de HubSpot : accédez à des articles et des ressources utiles sur la manière dont l'IA transforme le marketing numérique sur le blog IA de HubSpot. Lien : https://blog.hubspot.com/marketing/topic/artificial-intelligence

le centre de ressources de MOZ offre des informations précieuses sur l'IA et le machine learning dans le monde du marketing. Visitez : https://moz.com/learn/seo/ai

- Digital Marketing Institute : restez au courant des dernières tendances et des meilleures pratiques en matière d'IA grâce aux cours axés sur l'IA du Digital Marketing Institute. Site Web : https://digitalmarketinginstitute.com/

A. Comprendre les outils d'IA et le marketing numérique

En fin de compte, vous devez commencer à utiliser des outils d'IA pour les comprendre. Voici donc une liste de services d'intelligence artificielle fantastiques qui vous aideront à établir votre ensemble d'outils de marketing numérique.

1. Chatbots et IA conversationnelle :

Les chatbots sont devenus un élément clé du support client et de l'engagement client. Ces assistants virtuels pilotés par l'IA peuvent interagir avec les visiteurs du site Web, répondre aux questions et fournir des recommandations personnalisées. ChatGPT d'OpenAI est un modèle de langage de pointe qui alimente les chatbots et les agents conversationnels. Découvrez les fonctionnalités de ChatGPT sur :

https://chat.openai.com/

2. Création de contenu visuel avec Canva :

Le contenu visuel est la pierre angulaire d'un marketing numérique efficace. Canva est un outil de conception basé sur l'IA qui permet aux spécialistes du marketing de créer des graphiques époustouflants, des publications sur les réseaux sociaux, des infographies et bien plus encore, même sans expertise en conception. Vous pouvez même créer du contenu en masse avec ChatGPT en créant un fichier CSV avec des données, par exemple un en-tête, des slogans. Ensuite, dans Canva, accédez à Applications et cliquez sur « Créer en masse » pour télécharger le fichier CSV et importer les données de l'en-tête du slogan. Cela signifie que maintenant que vous avez connecté les données, vous pourrez créer un nombre presque illimité de publications sur les réseaux sociaux pour YouTube ou d'autres chaînes. Découvrez les possibilités créatives avec Canva sur :

https://www.canva.com

3. Solutions publicitaires basées sur l'IA de Bing :

Bing, le moteur de recherche de Microsoft, propose une gamme de solutions publicitaires basées sur l'IA qui peuvent améliorer vos campagnes de marketing numérique. Grâce à des fonctionnalités telles que les enchères automatisées et le ciblage d'audience, les outils d'IA de Bing peuvent vous aider à optimiser vos dépenses publicitaires et à obtenir de meilleurs résultats. Pour en savoir plus, rendez-vous sur : https://www.bing.com/?/ai

4. L'assistant d'écriture IA de Google - « Google Gemini » :

La rédaction de contenu convaincant et optimisé pour le référencement est essentielle pour réussir son marketing numérique. L'assistant de rédaction IA de Google, Gemini, est conçu pour aider les créateurs de contenu à peaufiner et optimiser leur rédaction. De la création de titres captivants à l'amélioration de la lisibilité, Bard offre de précieuses informations basées sur l'IA. Découvrez Bard sur : https://gemini.google.com/

5. Marketing par e-mail basé sur l'IA avec Phrasee :

Le marketing par e-mail est un outil puissant dans l'arsenal du spécialiste du marketing numérique. Phrasee est une plateforme basée sur l'IA qui optimise les lignes d'objet et le contenu des e-mails pour augmenter les taux d'ouverture et l'engagement. Libérez le potentiel de l'IA dans le marketing par e-mail avec Phrasee : https://phrasee.co/

6. Gestion des médias sociaux basée sur l'IA - Hootsuite :

Gérer plusieurs plateformes de médias sociaux peut prendre du temps. La plateforme de gestion des médias sociaux basée sur l'IA de Hootsuite permet de rationaliser la planification, la sélection de contenu et l'engagement du public. Découvrez comment Hootsuite peut améliorer votre stratégie de médias sociaux : https://hootsuite.com/

7. IA pour créer des images - Adobe Photoshop :

Adobe Photoshop avec Firefly Generative AI est un outil puissant, une fonctionnalité révolutionnaire qui permet aux utilisateurs de créer, modifier et améliorer rapidement des images à l'aide d'invites textuelles simples. Adobe Photoshop, un logiciel de conception graphique réputé, a intégré Firefly Generative AI pour rationaliser le processus de retouche d'image et le rendre plus intuitif et efficace. Grâce à cet outil basé sur l'IA, les spécialistes du marketing et les concepteurs peuvent rapidement manipuler des images, ajouter des éléments, supprimer des objets ou remplacer des arrière-plans à l'aide de commandes en langage naturel. Vous n'avez plus besoin de parcourir des menus complexes ou de mémoriser des commandes complexes ; à la place, ils peuvent interagir avec le logiciel à l'aide d'instructions simples en langage naturel. Pour en savoir plus sur les outils Adobe : https://www.adobe.com . Voici cinq conseils d'Adobe pour démarrer avec l'IA générative : https://business.adobe.com/blog/the-latest/five-tips-for-getting-started-with-generative-ai

8. L'IA pour créer des images - Midjourney :

Midjourney est une plateforme innovante basée sur l'IA qui révolutionne la façon dont les spécialistes du marketing numérique créent du contenu visuel. Grâce à ses algorithmes d'IA sophistiqués, Midjourney peut analyser , interpréter et synthétiser de vastes quantités de données pour créer des images et des vidéos convaincantes et visuellement attrayantes. Cet outil permet aux spécialistes du marketing de rationaliser leur processus de création de contenu, d'économiser du temps et des ressources tout en proposant des visuels de haute qualité qui trouvent un écho auprès de leur public cible.

https://www.midjourney.com

9. Le livre « AI Everything » de Peter Woodford

Dans un monde où les algorithmes surpassent les humains et où les scripts générés par l'IA obligent les auteurs à lutter pour rester pertinents, AI Everything plonge tête baissée dans l'extraordinaire - et souvent déconcertante - révolution qui transforme nos vies. Conçu sur mesure pour les jeunes entrepreneurs avisés, ce livre explique comment l'intelligence artificielle bouleverse les industries, crée des fortunes et remplace des emplois plus vite que l'on ne peut dire « automatisation ».

De l'incroyable capacité de l'IA à imiter la créativité à ses difficultés éthiques, ce guide est votre lampe de poche à travers le brouillard d'un avenir incertain. Avec une pointe d' humour et une pincée de style dystopique, AI Everything vous fournit les idées et les stratégies pour surfer sur ce raz-de-marée technologique sans vous faire engloutir tout entier.

Prêt à prospérer là où d'autres échouent ? Ce livre offre non seulement un aperçu de l'avenir axé sur l'IA, mais aussi un plan pour réussir. Attachez vos ceintures, votre voyage entrepreneurial vers demain commence ici. **Ce livre présente environ 100 des meilleurs outils d'IA !**

Kindle

https://www.amazon.com/dp/B0DT9B3F8S

Livre broché

https://www.amazon.com/dp/B0DTDM8J5B

Couverture rigide

https://www.amazon.com/dp/B0DTFYM1P6

Les entreprises d'intelligence artificielle transform ent les affaires, la culture et la vie.

A. Mesurer l'efficacité et le retour sur investissement de l'IA

Alors que l'intelligence artificielle (IA) continue de jouer un rôle central dans l'élaboration des stratégies de marketing numérique, il devient impératif pour les spécialistes du marketing d'évaluer l'efficacité des initiatives basées sur l'IA et d'évaluer le retour sur investissement (ROI) qu'elles offrent.

1. Suivi des indicateurs clés de performance (KPI) :

Pour mesurer le succès des campagnes pilotées par l'IA, identifiez les indicateurs clés de performance pertinents en fonction de vos objectifs marketing. Par exemple, si votre objectif est d'augmenter l'engagement sur votre site Web, suivez des indicateurs tels que les taux de clics, le temps passé sur la page et les taux de rebond. De même, pour la génération de leads, surveillez le nombre de leads qualifiés générés par des chatbots basés sur l'IA ou des recommandations de contenu personnalisées.

2. Analyse des taux de conversion :

L'IA peut optimiser les taux de conversion en adaptant les expériences aux utilisateurs individuels. Analysez les taux de conversion pour différents segments et évaluez l'impact de la personnalisation basée sur l'IA sur l'amélioration des taux de conversion. Des outils comme Google Analytics et des plateformes d'analyse basées sur l'IA peuvent vous aider dans cette analyse.

3. Expériences d'IA de tests A/B :

Effectuez des tests A/B pour comparer les performances des campagnes pilotées par l'IA avec celles des approches traditionnelles. Testez différents algorithmes d'IA, variantes de contenu ou interactions avec des chatbots pour déterminer la stratégie la plus efficace pour atteindre vos objectifs marketing.

4. Analyse des commentaires et des sentiments des clients :

Les outils d'analyse des sentiments basés sur l'IA peuvent évaluer le sentiment des clients à partir des publications sur les réseaux sociaux, des avis et d'autres sources. Comprenez comment les clients perçoivent les interactions pilotées par l'IA et comment elles influencent leur expérience et la perception de la marque.

5. Économies de coûts et efficacité :

Évaluez la rentabilité de la mise en œuvre de l'IA en comparant les dépenses associées aux méthodes de marketing traditionnelles à celles des initiatives basées sur l'IA. Mesurez la réduction des efforts manuels et le temps gagné grâce aux processus d'IA automatisés.

6. Impact de l'IA sur la valeur vie client (CLV) :

Évaluez l'impact des moteurs de personnalisation et de recommandation basés sur l'IA sur la fidélisation et la valeur vie client. Une CLV plus élevée indique une mise en œuvre réussie de l'IA et son effet positif sur la fidélisation client.

7. Modèles d'attribution de l'IA :

Utilisez des modèles d'attribution basés sur l'IA pour comprendre la contribution des points de contact pilotés par l'IA dans le parcours client. Analysez la manière dont les interactions de l'IA influencent les conversions et aident à la prise de décision. Bien entendu, si vous avez une application ou un site Web, vous pouvez utiliser Google Analytics pour suivre les performances du site Web et comprendre le comportement de certains utilisateurs . Mais surtout, vous pouvez également exporter ces données Google Analytics sur les sources de trafic, les conversions et les interactions des utilisateurs, etc., puis utiliser ChatGPT pour effectuer des analyses de données et obtenir des informations détaillées.

https://analytics.google.com

Salesforce Einstein offre aux spécialistes du marketing des outils CRM basés sur l'IA pour analyser les données clients, prédire le comportement et personnaliser les interactions pour un meilleur retour sur investissement.

https://www.salesforce.com/ap/products/einstein/overview/

Pour tirer pleinement parti de l'IA dans le marketing numérique, les spécialistes du marketing doivent surveiller en permanence les nouveaux outils permettant d'améliorer les performances, car en utilisant les bonnes plateformes d'IA, vous pouvez considérablement améliorer l'efficacité des campagnes, l'expérience client et le retour sur investissement de vos campagnes publicitaires.

A. Questions du quiz sur l'IA

1. Quel est l'avantage significatif de l'IA dans le marketing numérique ?
A. Gestion manuelle des tâches répétitives
B. Traitement des données plus lent
C. Informations limitées sur le comportement des clients
D. Analyse de grandes quantités de données à grande vitesse

Réponse : D. Analyse de grandes quantités de données à grande vitesse

2. Quels principes fondamentaux sont essentiels pour comprendre l'IA dans le marketing numérique ?

A. Technologie Blockchain et cryptomonnaie

B. Apprentissage automatique, traitement du langage naturel et analyse prédictive

C. Stratégies marketing traditionnelles uniquement

D. Conception graphique et montage vidéo

Réponse : B. Apprentissage automatique, traitement du langage naturel et analyse prédictive

3. Comment l'IA contribue-t-elle à l'engagement client dans le marketing numérique ?

A. En supprimant le besoin de campagnes personnalisées

B. Grâce à des informations limitées sur les préférences des consommateurs

C. En rationalisant uniquement les opérations marketing

D. En permettant des campagnes hautement personnalisées et ciblées

Réponse : D. En permettant des campagnes hautement personnalisées et ciblées

4. Quelle plateforme basée sur l'IA est spécialisée dans l'optimisation des lignes d'objet et du contenu des e-mails ?
A. Salesforce Einstein
B. Phrasé
C. Google AI
Les solutions publicitaires basées sur l'IA de D. Bing

Réponse : B. Phrasé

5. Quelle est l'importance des tests A/B dans l'évaluation des campagnes pilotées par l'IA ?
A. Comparer les campagnes pilotées par l'IA avec les approches marketing traditionnelles

B. Pour éliminer le besoin d'analyse des commentaires des clients

C. Pour évaluer uniquement les taux de conversion

D. Déterminer les algorithmes d'IA les plus efficaces

Réponse : A. Pour comparer les campagnes pilotées par l'IA avec les approches marketing traditionnelles

6. Quel outil d'IA est spécialisé dans les conversations et les interactions avec les chatbots ?

A. Adobe Photoshop avec Firefly Generative AI

B. À mi-parcours

C. ChatGPT

D. Canva

Réponse : C. ChatGPT

7. Comment l'IA contribue-t-elle à l'optimisation de la création de contenu visuel ?

A. En se concentrant uniquement sur la création de contenu textuel

B. Par la création de designs graphiques complexes

C. En analysant et en synthétisant les données pour créer des images et des vidéos convaincantes

D. En fournissant uniquement des modèles de conception de base

Réponse : C. En analysant et en synthétisant les données pour créer des images et des vidéos convaincantes

8. Que doivent surveiller les spécialistes du marketing pour évaluer le succès des campagnes pilotées par l'IA ?

A. Seule la réduction des efforts manuels

B. Seuls les résultats des tests A/B

C. Commentaires des clients, analyse des sentiments et taux de conversion

D. Économies de coûts et efficacité

Réponse : C. Commentaires des clients, analyse des sentiments et taux de conversion

9. Quelle plateforme fournit des outils CRM basés sur l'IA pour prédire le comportement et personnaliser les interactions ?

A. Adobe Photoshop

B. Google IA

C. Salesforce Einstein

D. Canva

Réponse : C. Salesforce Einstein

10. Comment le texte met-il l'accent sur le rôle de l'IA dans le marketing numérique ?

A. L'IA est mentionnée comme un substitut à la créativité humaine dans les stratégies marketing

B. Il souligne que l'IA est le seul facteur déterminant du succès d'une campagne marketing
C. Il souligne la nécessité d'équilibrer les capacités de l'IA avec la touche humaine pour des expériences client exceptionnelles
D. Il se concentre uniquement sur les aspects techniques de l'IA sans considérer son application au marketing

Réponse : C. Elle souligne la nécessité d'équilibrer les capacités de l'IA avec la touche humaine pour des expériences client exceptionnelles.

X. Stratégie de marketing numérique

A. Élaboration d'un plan de marketing numérique

Un plan de marketing numérique est une stratégie complète qui décrit les étapes et les tactiques que vous utiliserez pour atteindre votre public cible et atteindre vos objectifs marketing. Voici les étapes à suivre pour élaborer un plan de marketing numérique :

1. Définissez votre public cible : la première étape de l'élaboration d'un plan de marketing numérique consiste à identifier votre public cible. Cela implique de comprendre ses données démographiques, ses comportements et ses points faibles. Ces informations éclaireront le reste de votre stratégie de marketing numérique. Une autre approche consiste à déchirer le livre de règles et à ne rien supposer sur les données démographiques de vos utilisateurs, mais à obtenir des informations à partir des

données statistiques après le lancement de votre campagne initiale.

2. Effectuez une analyse SWOT : une analyse SWOT (forces, faiblesses, opportunités et menaces) est un outil utile pour déterminer la position actuelle de votre entreprise sur le marché. Elle vous aidera à identifier vos forces, vos faiblesses, vos opportunités de croissance et vos menaces potentielles.

3. Définissez des objectifs marketing : Ensuite, vous devez définir des objectifs marketing spécifiques et mesurables. Il peut s'agir d'augmenter le trafic sur votre site Web, d'augmenter les ventes ou de renforcer la notoriété de votre marque.

4. Identifier les canaux : une fois que vous avez défini vos objectifs marketing, vous devez identifier les canaux les plus efficaces pour atteindre votre public cible. Il peut s'agir des réseaux sociaux, du marketing par e-mail, de la publicité payante, etc.

5. Élaborez une stratégie de contenu : une stratégie de contenu solide est essentielle pour tout plan de marketing numérique. Cela comprend la création de contenu intéressant et engageant qui s'adresse directement à votre public cible et soutient vos objectifs marketing. Gardez à l'esprit que la création d'un calendrier de contenu peut aider certains employés juniors, mais exiger cela de responsables plus expérimentés peut entraver les choses, car ils doivent être flexibles sur ce qui se passe et quand.

6. Déterminer le budget et allouer les ressources : Enfin, vous devez déterminer votre budget et allouer les ressources en conséquence. Cela comprend l'identification des ressources nécessaires à l'exécution de votre plan de marketing numérique, telles que le personnel, la technologie et les dépenses publicitaires.

7. Surveillez et ajustez en permanence : une fois votre plan de marketing numérique en place, il est important de surveiller et d'ajuster en permanence votre stratégie en fonction des besoins. Cela peut inclure des modifications de votre stratégie de contenu, un ajustement de votre budget ou une modification de votre approche en fonction des données et des informations.

En conclusion, un plan de marketing numérique est une stratégie complète qui décrit les étapes et les tactiques que vous utiliserez pour atteindre votre public cible et atteindre vos objectifs marketing. En suivant ces étapes, vous pouvez élaborer un plan de marketing numérique solide et efficace qui générera de meilleurs résultats commerciaux et vous aidera à atteindre vos objectifs marketing.

B. Intégration des canaux

L'intégration des canaux consiste à combiner différents canaux de marketing numérique de manière à maximiser leurs atouts individuels et à parvenir à une stratégie marketing harmonisée et cohérente. En intégrant les canaux, les spécialistes du marketing peuvent s'assurer que chaque canal travaille ensemble pour soutenir un objectif commun, en tirant le meilleur parti de leurs efforts et de leurs ressources.

Les canaux les plus courants à intégrer sont le marketing par e-mail, le marketing sur les réseaux sociaux, le marketing de contenu, l'optimisation des moteurs de recherche (SEO) et la publicité au paiement par clic (PPC). Lors de l'intégration de ces canaux, il est important de garder à l'esprit les étapes suivantes :

1. Déterminez votre public cible : comprendre votre public cible et ses préférences est la

première étape de l'intégration de vos canaux marketing. Voici un excellent article sur « Comment identifier votre public cible » https://www.upwork.com/resources/target-audience

2. Définissez vos objectifs : identifiez les objectifs de chaque canal et déterminez comment ils s'intègrent dans votre stratégie marketing globale.

3. Créez un plan de contenu : Élaborez un plan de contenu qui s'aligne sur votre stratégie marketing globale et intègre tous les canaux. « Comment développer une stratégie de contenu » est disponible sur https://catsy.com/blog/content-strategy/

4. Établissez un plan de mesure : établissez des indicateurs pour mesurer le succès de chaque canal et la manière dont ils contribuent au succès global du marketing.

5. Connectez vos canaux : assurez-vous que tous les canaux sont connectés, afin qu'ils puissent être intégrés et gérés efficacement.

6. Révisez et ajustez régulièrement : Révisez régulièrement vos canaux marketing intégrés pour vous assurer qu'ils atteignent les résultats souhaités et effectuez les ajustements nécessaires.

En intégrant vos canaux, vous pouvez mettre en place une stratégie de marketing numérique cohérente et efficace qui maximise l'impact de vos efforts et de vos ressources, ce qui conduit finalement à de meilleurs taux de conversion et à un retour sur investissement plus élevé. Voici quelques exemples de marketing omnicanal – mis en œuvre par 10 marques étonnantes https://www.moengage.com/blog/7-brands-who-mastered-omnichannel-marketing-campaigns/

C. Mesurer et optimiser les campagnes

Dans le domaine du marketing numérique, le processus de mesure et d'optimisation des campagnes constitue une phase cruciale. Cette étape cruciale permet aux spécialistes du marketing d'évaluer minutieusement l'efficacité de leurs efforts et d'affiner leurs stratégies pour un impact maximal.

Pour se lancer dans ce voyage, une série d'étapes stratégiques doivent être entreprises :

1. Définissez vos objectifs : la réussite d'une campagne repose sur l'établissement d'objectifs clairs et précis. Ces objectifs doivent être alignés sur l'objectif de votre campagne, qu'il s'agisse de générer du trafic sur votre site Web ou d'augmenter vos ventes.

2. Choisissez les bons indicateurs : il est primordial d'identifier les indicateurs clés de performance

(KPI) appropriés. Ces indicateurs doivent être directement liés à vos objectifs et offrir une vue d'ensemble des performances de votre campagne. Ils servent de boussole pour vous guider vers le succès.

3. Configurez le suivi : la mise en œuvre d'outils de suivi et d'analyse robustes est non négociable. Des plateformes comme [Google Analytics](https://analytics.google.com) jouent un rôle essentiel dans l'évaluation des performances des campagnes. Elles fournissent une mine de données, offrant des informations sur le comportement des utilisateurs , les canaux d'acquisition et les taux de conversion.

4. Surveillez les performances : une surveillance vigilante est la clé de voûte du succès. L'évaluation régulière des performances d'une campagne par rapport aux KPI choisis offre des informations précieuses sur sa progression. Cet examen analytique est la clé pour comprendre dans quelle

mesure vos efforts s'alignent sur vos objectifs prédéfinis.

5. Prenez des décisions basées sur les données : les données constituent l'épine dorsale d'une prise de décision éclairée. Utilisez les informations recueillies grâce au suivi des performances pour orienter vos décisions. Cette approche centrée sur les données garantit que les ajustements et les optimisations sont fondés sur des preuves empiriques.

6. Testez et répétez : une culture d'amélioration continue est essentielle. Testez et répétez rigoureusement les différents éléments de vos campagnes. Cela peut impliquer d'expérimenter différents textes publicitaires, d'affiner les données démographiques ciblées ou d'optimiser la conception de la page de destination. Chaque itération vous rapproche un peu plus d'une campagne optimisée et performante.

7. Amélioration continue : le processus de mesure et d'optimisation des campagnes est un processus continu. Il exige de la vigilance, une approche centrée sur les données et un engagement à l'amélioration. Surveillez, mesurez et optimisez vos campagnes en permanence, en effectuant les ajustements nécessaires pour atteindre vos objectifs et obtenir de meilleurs résultats.

En respectant ces étapes, vous vous assurez non seulement que vos efforts de marketing numérique sont efficaces et efficients, mais vous vous positionnez également pour obtenir les meilleurs résultats possibles dans un paysage numérique en constante évolution. Pour ceux qui se lancent dans la vente en ligne, découvrez ces plateformes de commerce électronique de premier ordre :

- Plateforme de commerce électronique n°1 pour toutes les entreprises : https://www.shopify.com

- Web.com propose une variété de solutions de sites Web et de marketing : https://www.web.com

- Créez un site Web ou une boutique en ligne personnalisable avec une solution tout-en-un : https://www.squarespace.com

- BigCommerce fournit des logiciels aux entreprises qui les aident à créer et à gérer des boutiques en ligne et mobiles, à gérer les paiements et les conversions de devises : https://www.bigcommerce.com

- WooCommerce est un plugin de commerce électronique open source pour WordPress : https://www.woocommerce.com

D. Rester au courant des tendances du secteur

Rester au courant des dernières tendances du secteur est un aspect important du marketing numérique, car cela permet de garantir la pertinence et l'efficacité de vos stratégies marketing. Voici quelques moyens de rester au courant des dernières évolutions du marketing numérique :

1. Lisez les blogs et publications du secteur : restez informé en lisant les blogs du secteur, les magazines spécialisés et d'autres publications. Parmi les principales sources d'actualités et d'informations sur le marketing numérique, citons Search Engine Land https://searchengineland.com/ , MarTech https://martech.org/ , AdWeek https://www.adweek.com/ et Insider Intelligence https://www.insiderintelligence.com/ , Publication dans les médias https://www.mediapost.com/

2. Participez à des conférences et événements : Participez à des conférences et événements où vous pourrez entendre des

experts et réseauter avec d'autres professionnels du domaine. Parmi les principaux événements de marketing numérique, citons DigiMarCon Southeast Asia https://digimarconsoutheastasia.com , le Mar Tech Summit https://themartechsummit.com , et le Digital Marketing World Forum https://www.digitalmarketing-conference.com/ .

3. Suivez les leaders d'opinion sur les réseaux sociaux : suivez les leaders d'opinion et les influenceurs sur les plateformes de réseaux sociaux telles que X (anciennement Twitter), LinkedIn et Instagram, pour rester au courant de leurs idées et de leurs perspectives sur les dernières tendances.

4. Rejoignez des communautés en ligne : participez à des communautés et forums en ligne, tels que des groupes LinkedIn et des groupes Facebook, pour rester en contact

avec d'autres professionnels et échanger des idées et des meilleures pratiques.

5. Restez informé des changements technologiques : le marketing numérique évolue constamment, il est donc important de rester informé des changements technologiques, tels que les nouvelles plateformes de médias sociaux, l'IA et l'apprentissage automatique.

En restant au courant des tendances du secteur, vous pouvez garder une longueur d'avance sur la concurrence et vous assurer que vos stratégies de marketing numérique sont efficaces et pertinentes dans un paysage numérique en constante évolution.

Questions du quiz sur la stratégie de marketing numérique

Section A : Élaboration d'un plan de marketing numérique

1. Quelle est la première étape dans l'élaboration d'un plan de marketing numérique ?

a) Effectuer une analyse SWOT

b) Définissez votre public cible

c) Définir des objectifs marketing

d) Identifier les canaux

Réponse : b) Définissez votre public cible

2. Quelle étape consiste à déterminer votre budget et à allouer des ressources dans un plan de marketing numérique ?

a) Réaliser une analyse SWOT

b) Définition des objectifs marketing

c) Développer une stratégie de contenu

d) Déterminer le budget et allouer les ressources

Réponse : d) Déterminer le budget et allouer les ressources

Section B : Intégration des canaux

3. Quelle est la première étape de l'intégration des canaux marketing ?

a) Créer un plan de contenu

b) Réviser et ajuster régulièrement

c) Déterminer votre public cible

d) Mise en place du suivi

Réponse : c) Déterminer votre public cible

4. Qu'est-ce qui est considéré comme crucial pour l'intégration des canaux marketing ?

a) Réviser et ajuster régulièrement

b) Créer un plan de contenu

c) Mise en place du suivi

d) Connecter vos chaînes

Réponse : d) Connecter vos chaînes

Section C : Mesurer et optimiser les campagnes

5. Quelle est la boussole qui guide le succès dans la mesure des campagnes ?

a) Définir les objectifs

b) Prendre des décisions fondées sur les données

c) Mise en place du suivi

d) Suivi des performances

Réponse : a) Définir des objectifs

6. Quelle étape implique la mise en œuvre d'outils de suivi et d'analyse robustes ?

a) Définir les objectifs

b) Prendre des décisions fondées sur les données

c) Mise en place du suivi

d) Tests et itérations

Réponse : c) Configuration du suivi

7. Comment les professionnels peuvent-ils se tenir informés des dernières tendances du secteur ?

a) Assister à des conférences et à des événements

b) Lire des blogs et des publications du secteur

c) Suivre les leaders d'opinion sur les réseaux sociaux

d) Tout ce qui précède

Réponse : d) Toutes les réponses ci-dessus

8. Quelle méthode n'est PAS suggérée pour rester informé des tendances de l'industrie ?

a) Assister à des conférences et à des événements

b) Suivre les leaders d'opinion sur les réseaux sociaux

c) S'appuyer uniquement sur des hypothèses personnelles

d) Lire des blogs et des publications du secteur

Réponse : c) S'appuyer uniquement sur des hypothèses personnelles

XI. Conclusion et avenir du marketing numérique

A. Récapitulatif des concepts clés

En conclusion et en perspective du marketing numérique, il est important de récapituler les concepts clés abordés. Il s'agit notamment d'un aperçu des différents canaux de marketing numérique tels que le marketing de contenu, le marketing par e-mail, le marketing d'affiliation, le marketing mobile et l'analyse Web.

Vous avez appris l'importance d'élaborer un plan de marketing numérique et d'intégrer différents canaux pour une efficacité maximale. Il a également été question de la manière de mesurer le succès de chaque canal à l'aide de mesures telles que les taux de conversion, le retour sur investissement (ROI) et les mesures d'engagement.

De plus, vous avez été initié à divers outils et techniques pour optimiser les campagnes et rester

au courant des tendances du secteur, dans le but
de fournir une compréhension globale du marketing
numérique et les compétences nécessaires pour
développer et mettre en œuvre une stratégie
réussie.

Dans un paysage numérique en constante
évolution, il est essentiel de rester informé et de
s'adapter aux changements. L'avenir du marketing
numérique apportera probablement de nouvelles
technologies et innovations, ce qui rend encore
plus important pour les spécialistes du marketing
de se former en permanence et de garder une
longueur d'avance.

B. Tendances futures du marketing numérique

En conclusion et en prévision de l'avenir du
marketing numérique, il est important de prendre
en compte les tendances émergentes qui
façonneront le paysage du marketing numérique.

Certaines des principales tendances du marketing numérique comprennent :

1. Intelligence artificielle (IA) et apprentissage automatique (ML) : l'IA et le ML sont de plus en plus intégrés dans les stratégies de marketing numérique pour analyser de grandes quantités de données et personnaliser les expériences des utilisateurs individuels. Par exemple, la segmentation de la clientèle, l'analyse prédictive, la personnalisation du contenu, les chatbots et les assistants virtuels, l'analyse des sentiments, l'optimisation des publicités, l'optimisation de la recherche vocale.

2. Expériences interactives et immersives : grâce aux avancées technologiques, les spécialistes du marketing sont désormais en mesure de créer des expériences

interactives et immersives qui engagent les utilisateurs et génèrent des conversions.

3. Marketing d'influence : la popularité du marketing d'influence ne cesse de croître à mesure que de plus en plus de marques se tournent vers les influenceurs des médias sociaux pour atteindre leur public cible. De nos jours, cela inclut les influenceurs IA.

4. Optimisation de la recherche vocale : la recherche vocale devenant de plus en plus répandue, il est important pour les spécialistes du marketing d'optimiser leur contenu pour la recherche vocale afin de garantir qu'il apparaisse dans les résultats de recherche pertinents.

5. Marketing vidéo : la vidéo reste un outil puissant pour engager le public et générer des conversions. Les spécialistes du marketing continueront d'utiliser la vidéo sous diverses formes, notamment les flux en direct, les vidéos courtes et les vidéos à 360

degrés, mais ils commencent déjà à utiliser des vidéos interactives, qu'il s'agisse d'émissions de télévision, de films ou de quiz, par exemple sur Netflix https://www.netflix.com, où vous contrôlez l'histoire, répondez aux questions, etc. Certaines émissions spéciales interactives vous permettent de décider de ce qui se passe ensuite, tandis que d'autres ressemblent davantage à des quiz. Bientôt, l'informatique spatiale, comme avec Apple Vision Pro, associera de manière transparente le contenu numérique à votre espace physique. https://www.apple.com/apple-vision-pro/

6. Micro-moments : les spécialistes du marketing devront s'efforcer de capter l'attention des clients lors de micro-moments où ils recherchent activement des informations, évaluent des produits ou prennent une décision d'achat.

Oui, vous devez vous tenir au courant de ces tendances et d'autres tendances émergentes, afin que, en tant que spécialiste du marketing numérique, vous soyez mieux équipé pour créer des stratégies efficaces qui génèrent des résultats commerciaux et que vous ou les marques que vous représentez puissiez garder une longueur d'avance sur la concurrence.

C. Préparation à une carrière dans le marketing numérique.

En conclusion sur le marketing numérique, il est important de discuter de la préparation à une carrière dans ce domaine. Voici quelques points clés à aborder :

1. Continuez à apprendre : le marketing numérique est un domaine en évolution rapide, et il est essentiel de mettre à jour en permanence vos compétences et vos

connaissances. Restez au courant des dernières tendances et technologies en lisant des blogs du secteur, en participant à des conférences et à des webinaires et en suivant des cours supplémentaires.

2. Créez un portfolio : commencez à créer et à présenter votre travail, que ce soit sur un site Web personnel ou sur des plateformes comme LinkedIn. Cela vous donnera l'occasion de mettre en valeur vos compétences et de démontrer votre expertise à des employeurs potentiels.

3. Réseau : Participez à des événements, rejoignez des organisations professionnelles et connectez-vous avec d'autres acteurs du secteur pour élargir votre réseau et en savoir plus sur les opportunités d'emploi.

4. Acquérir une expérience pratique : envisagez de participer à des projets indépendants, à des stages ou à des opportunités de bénévolat pour acquérir une

expérience pratique et construire un CV solide.

5. Spécialisez-vous : envisagez de vous spécialiser dans un domaine spécifique du marketing numérique, comme l'optimisation des moteurs de recherche (SEO), le marketing sur les réseaux sociaux ou le marketing par e-mail, pour devenir un expert dans votre domaine et vous rendre plus commercialisable auprès des employeurs potentiels.

En suivant ces étapes, vous pouvez vous préparer efficacement à une carrière réussie dans le marketing numérique et devenir un atout précieux dans l'industrie.

Voici une liste des meilleurs sites Web qui peuvent être utiles pour démarrer une carrière dans le marketing numérique :

1. Moz (https://moz.com/) : Moz est un site Web de premier plan proposant une multitude de ressources, notamment des guides pour débutants, des tutoriels et des informations sur le secteur. Il couvre divers aspects du marketing numérique, notamment le référencement, le marketing de contenu et les médias sociaux.

2. HubSpot Academy (https://academy.hubspot.com/) : HubSpot Academy propose une gamme de cours et de certifications en ligne gratuits sur le marketing entrant, le marketing de contenu, les réseaux sociaux, le marketing par e-mail, etc. C'est une ressource précieuse pour apprendre les fondamentaux du marketing numérique.

3. Développez-vous avec Google (https://grow.google) : découvrez des formations et des outils pour développer votre entreprise et votre présence en ligne et

apprenez des compétences numériques pour développer votre carrière et vous qualifier pour des emplois en demande.

4. Peter Woodford (http://www.peterwoodford.com/): **Peter Woodford est un spécialiste du marketing numérique renommé qui peut vous aider à configurer des campagnes publicitaires en ligne sur plusieurs plates-formes et vous donner des idées sur la façon d'améliorer le contenu et la conception du site Web pour augmenter les conversions.**

5. Social Media Examiner (https://www.socialmediaexaminer.com/) : Social Media Examiner est un site Web populaire axé sur le marketing des médias sociaux. Il propose des articles approfondis, des tutoriels et des rapports sectoriels pour vous aider à rester informé des dernières tendances et stratégies des médias sociaux.

6. Search Engine Journal (
   https://www.searchenginejournal.com/) :
   Search Engine Journal est une ressource
   fiable pour les professionnels du
   référencement. Il fournit des informations
   d'experts, des actualités et des guides sur
   l'optimisation des moteurs de recherche, la
   publicité payante, le marketing de contenu et
   d'autres sujets de marketing numérique.

7. Content Marketing Institute (
   https://contentmarketinginstitute.com/) :
   Content Marketing Institute propose des
   ressources et des informations précieuses
   sur le marketing de contenu. Il couvre des
   sujets tels que la stratégie de contenu, la
   création, la promotion et la mesure.

8. Spécialiste du marketing numérique (
   https://www.digitalmarketer.com/) :
   DigitalMarketer est une ressource complète
   pour les stratégies et tactiques de marketing
   numérique. Il propose des programmes de

formation, des certifications et une multitude de contenus de blog sur divers aspects du marketing numérique.

9. Blog Ahrefs (https://ahrefs.com/blog/) : Le blog Ahrefs fournit des informations précieuses sur le référencement et le marketing numérique. Il couvre des sujets tels que la recherche de mots clés, l'analyse des backlinks et la recherche de concurrents.

10. Avec Indeed (https://www.indeed.com), vous pouvez rechercher des millions d'emplois en ligne pour trouver la prochaine étape de votre carrière. Avec des outils de recherche d'emploi, des CV, des avis sur les entreprises et bien plus encore.

Droits d'auteur

Copyright © 2025 par Peter Woodford. Tous droits
réservés en vertu des conventions internationales
sur le droit d'auteur.

En payant les frais exigés, vous bénéficiez du droit
non exclusif et non transférable d'accéder au texte
de ce livre électronique et de le lire à l'écran.
Aucune partie de ce texte ne peut être reproduite,
transmise, téléchargée, décompilée, rétroconçue,
stockée ou introduite dans un système de stockage
et de récupération d'informations, sous quelque
forme ou par quelque moyen que ce soit,
électronique ou mécanique, connu actuellement ou
inventé ultérieurement, sans autorisation écrite
expresse.